expert training

Paul Gamber

# Kundenbeschwerden und Reklamationen konfliktfrei behandeln

## Methoden, Tips und Übungen für den besseren Umgang mit schwierigen Kunden

expertraining

Dr. Paul Gamber

# Kundenbeschwerden und Reklamationen konfliktfrei behandeln

## Methoden, Tips und Übungen für den besseren Umgang mit schwierigen Kunden

2. Auflage

expert verlag®

**Die Deutsche Bibliothek – CIP-Einheitsaufnahme**

**Gamber, Paul:**
Kundenbeschwerden und Reklamationen konfliktfrei behandeln : Methoden, Tips und Übungen für den besseren Umgang mit schwierigen Kunden / Paul Gamber. - 2. Aufl.. - Renningen : expert-Verl., 2002
(expert Training)
ISBN 3-8169-2019-5

ISBN 3-8169-2019-5

2. Auflage 2002
1. Auflage 1997

# Inhaltsverzeichnis


Vorwort

**1. Reklamationen und Beschwerden: der direkte Weg zu mehr Kundenzufriedenheit und Qualität** 3
1.1 Drei Gründe, weshalb die Zahl der Reklamationen zunimmt 3
1.2 Wahres und Falsches über Reklamationen und Beschwerden 4
1.3 Weshalb Kundenorientierung immer wichtiger wird 5
1.4 In Reklamationen stecken Chancen 9

**2. Konfliktfall Reklamation** 10
2.1 Welche Konfliktursachen gibt es bei einer Reklamation? 10
2.2 Die neun Konfliktstufen einer Reklamation 17
2.3 Ablaufschema einer konflikthaften Reklamation 22
2.4 Die Sach- und Beziehungsebene einer Reklamation 29

**3. Die fünf Schritte der konfliktfreien Beschwerdebehandlung** 32
3.1 Aktiv zuhören 33
3.2 Das Problem analysieren 42
3.3 Anbieten einer Lösung 45
3.4 Auf Fragen und Einwände positiv eingehen 47
3.5 Das Problem bewältigen 49

**4. Mit Kunden konfliktfrei umgehen** 55
4.1 Eine positive Einstellung zum Kunden gewinnen 55
4.2 So verhalten Sie sich richtig am Telefon 58
4.3 Vier Schritte im Umgang mit schwierigen Kunden 59
4.4 Mißverständnisse vermeiden - klare Botschaften senden 63
4.5 Transaktionsanalyse - konfliktfrei kommunizieren 68
4.6 Vier Kundentypen und wie Sie sie für sich gewinnen 80
4.7 Das richtige Auftreten beim Kunden 86

| | | |
|---|---|---|
| **5.** | **Wie man Reklamationen als Chance für Kundenzufriedenheit und Imagegewinn nutzt** | 90 |
| 5.1 | Die schriftliche Reklamationsbehandlung | 90 |
| 5.2 | Was tun bei »Scheinreklamationen«? | 95 |
| 5.3 | Was tun, um Reklamationen zu vermeiden? | 96 |
| 5.4 | Was tun, damit der Kunde wieder kommt? | 98 |
| **Lösungen** | | 99 |
| **Sachregister** | | 101 |
| **Literaturverzeichnis** | | 103 |

# Vorwort

Verkaufen könnte so einfach sein, wenn sich alle Kunden immer so verhielten, wie wir es erwarten, und wenn es nicht auch die »Schattenseite« des Verkaufens gäbe, nämlich Reklamationen und Beschwerden. Das Wort Reklamation ruft wohl bei den meisten von uns unangenehme Erinnerungen hervor, gleich, auf welcher »Seite des Ladentisches« man steht: man denkt sofort an ungehaltene, schimpfende, ungerechte, ja aggressive Kunden, aber auch an die unfreundliche Behandlung durch den Beschwerdeempfänger, an lange Bearbeitungszeiten und an nichtssagende Reklamationsantworten, denn jeder von uns war ja selbst schon Kunde.

Reklamationen und Beschwerden sind im Kontakt mit dem Kunden der klassische Spannungs- und Konfliktfall. Und es wäre für das Verhältnis zum Kunden folgenschwer, den Konflikt zu verharmlosen oder herunterspielen zu wollen. Aus diesem Grunde bedarf jede Reklamation einer genauen Analyse, und jeder, der Beschwerden bearbeitet, braucht verläßliche Regeln zur Vermeidung von Spannungen und Konflikten im Kontakt mit dem Kunden. Davon handelt dieses Buch.

Was erwartet den Leser, von dem ich annehme, daß er in erster Linie als Praktiker und nicht nur theoretisch am Thema interessiert ist?

- Jede Reklamation verläuft anders, dennoch lassen sich immer wieder ähnliche (Konflikt-)Muster und Verläufe feststellen; sie werden in diesem Buch ausführlich beschrieben. Der Leser erhält dadurch ein wichtiges Analyseinstrumentarium, mit dessen Hilfe er sofort die richtige Strategie anwenden kann.
- Wie jeder Konflikt, so drohen auch Kundenbeschwerden und Reklamationen zu eskalieren, wenn sie nicht von Anfang an erwartungsgemäß behandelt werden. Das kann ein Unternehmen viel Zeit und Geld kosten, und viel Energien, die im Falle eines andauernden Konflikts gebunden werden. Jeder, der eine Reklamation bearbeitet, sollte daher wissen, wo bzw. auf welcher Stufe der Konflikt angelangt ist und was zu tun ist, um ihn zu entschärfen.

- Der sicherste Weg zu einer erfolgreichen Konfliktlösung ist die psychologisch geschickte Gesprächsführung. Bei ihr steht immer der Mensch, der Kunde also, im Vordergrund, und erst dann die Sache. Sie verzichtet auf jede Art von Manipulation und ist eindeutig problemorientiert. Was für das persönliche Gespräch gilt, trifft auch für den Schriftverkehr zu.

Das Buch ist in der Reihe »experTraining« erschienen, es enthält viele Übungen und Tests, die Ihnen, verehrte Leserin, verehrter Leser, helfen, mit Reklamationen und Kundenbeschwerden in Zukunft noch besser umzugehen. Dabei wünsche ich Ihnen viel Erfolg.

Paul Gamber

# 1. Reklamationen und Beschwerden: der direkte Weg zu mehr Kundenzufriedenheit und Qualität

## 1.1 Drei Gründe, weshalb die Zahl der Reklamationen zunimmt

Jeder Anbieter von Waren oder Dienstleistungen hat es hin und wieder mit Kundenbeschwerden und Reklamationen zu tun. Das liegt nun einmal in der Natur geschäftlicher Beziehungen. Offensichtlich hat jedoch die Zahl der Reklamationen in den letzten Jahren erheblich zugenommen. Was sind die Gründe dafür?

**1. Verstärkter Wettbewerb**
Immer härtere Marktbedingungen, Zeit- und Termindruck bestimmen unser (Geschäfts-)Leben. Wer da nicht immer fristgerecht liefern, für gleichbleibend höchste Qualität bürgen kann, und das alles zu annehmbaren Preisen, für den werden heutzutage Reklamationen zum Dauerthema.

**2. Wachstum des Dienstleistungssektors**
Wir befinden uns derzeit an der Schwelle von der Produktions- zur Dienstleistungsgesellschaft, in der das Werben um Kunden bzw. Klienten immer wichtiger wird. Auch produzierende Unternehmen verstehen sich mehr und mehr als Dienstleister. Es genügt eben nicht, ein gutes Produkt herzustellen und es zu verkaufen, der Kunde erwartet auch nach dem Kaufabschluß einen excellenten Service und eine fachkundige Beratung.

**3. Der Kunde ist heutzutage besser informiert**
Durch die Medien verfügt der moderne Kunde über eine Menge Marktinformationen; er kann aus einem ständig wachsenden Angebot an Waren und Dienstleistungen auswählen und vergleichen. Neuerdings kann er seinem Ärger über fehlerhafte Produkte, oder wenn er sich von einem Unternehmen falsch behandelt fühlt, sogar in einschlägigen Fernsehsendungen Luft machen. Die Konsequenzen für betroffene Unternehmen können sehr schmerzhaft sein. Ein mühsam und in langen Jahren aufgebautes Image kann über Nacht zerstört werden.

## 1.2 Wahres und Falsches über Reklamationen und Beschwerden

Jedes Jahr entgehen Unternehmen Milliardengewinne, weil unfreundliche Mitarbeiter die Kunden vergraulen. Auch heute noch ist die Behandlung von Kundenreklamationen und Beschwerden das Stiefkind der deutschen Wirtschaft. Vorurteile wie die folgenden scheinen sich in den Köpfen vieler in Management und Kundendienst festgesetzt zu haben:

**Vorurteil Nr. 1**: »Reklamationen sind bei uns kein Thema. Unsere Kunden sind zufrieden. Die geringe Anzahl von Beschwerden in unserem Unternehmen beweist das.«

Dieser Meinung sind tatsächlich viele Verantwortliche in Wirtschaftsunternehmen und Verwaltungen. Doch dadurch wird der Blick für die Wirklichkeit verstellt und der Boden für unerwartete Konflikte und kostenintensive Auseinandersetzungen mit Kunden bereitet. Tatsache ist, daß eine geringe Beschwerdezahl keineswegs etwas über die Kundenzufriedenheit aussagt. Denn viele Kunden, die über ein Unternehmen verägert sind, beschweren sich nicht direkt, sondern drücken ihre Unzufriedenheit auf andere, für das Unternehmen oft sehr viel nachteiligere Weise aus.

**Vorurteil Nr. 2**: »Kunden, die sich beschweren, sind kleinliche Nörgler und Querulanten, sie sind daher unsere natürlichen Gegner und müssen bekämpft bzw. besiegt werden.«

Tatsache ist, daß die meisten Kunden gute Gründe für ihre Beschwerde haben und ein Unternehmen gut daran täte, diese ernst zu nehmen, allein schon aus Überlebensgründen. Denn Kundenreklamationen und Beschwerden bieten eine Fülle von Informationen und Hinweisen darüber, was man alles besser machen kann, um konkurrenzfähig zu bleiben. Kunden, die sich beschweren, sollte man daher dankbar sein und sie als Partner und nicht als Gegner betrachten.

**Vorurteil Nr. 3**: »Beschwerden führen nur zu Kosten und sind daher zu minimieren.«

Tatsache ist: Nicht die Zahl der Beschwerden ist zu minimieren, sondern die Zahl der unzufriedenen Kunden. Denn: unzufriedene Kunden verursachen Kosten, zufriedene Kunden sorgen auf lange Sicht sogar für Gewinne.

## 1.3 Weshalb Kundenorientierung immer wichtiger wird

Wir müssen zur Kenntnis nehmen, daß sich die Erwartungen des Kunden an Produkte und Dienstleistungen in den letzten Jahren radikal verändert haben. Eine Branche bekommt das besonders zu spüren, nämlich der Tourismus. Dort werden jedes Jahr neue Rekordzahlen über Urlaubsbuchungen gemeldet, aber auch eine Flut von Reklamationen über unzutreffende Katalogaussagen oder die vertragswidrigen Verhältnisse am Urlaubsort. Und das, obwohl Auswahl, Prüfungen und Kontrollen der Veranstalter bei den Vertragspartnern immer perfekter werden. Jeder Urlauber weiß natürlich, daß es Mängel am Urlaubsort geben kann. Dennoch ist - verständlicherweise - der Urlaub für denjenigen gründlich verdorben, dessen Bedürfnis nach Erholung, Spaß und Unterhaltung nicht befriedigt wurde, auch wenn den Veranstalter keine direkte Schuld trifft.

Wie dem Tourismus geht es mittlerweile vielen Branchen. Und dieses Beispiel zeigt, wo wir im Kundenservice verstärkt ansetzen müssen, nämlich bei den gefühlsmäßigen Motiven des Kunden, denn:

- Flugpassagiere erwarten mehr als nur einen sicheren Flug.
- Der Urlauber will mehr als nur ein sauberes Hotelzimmer.
- Restaurantbesucher wollen mehr als nur eine Mahlzeit.
- Der Käufer einer Wohnzimmereinrichtung möchte mehr als nur Möbelstücke.
- Der Bankkunde erwartet mehr als nur eine Geldanlage.

Unzufriedene Kunden können sich über vielerlei Tatbestände beschweren: späte Lieferung, Produktfehler, mindere Qualität, schlechte Verarbeitung, optische Mängel, Preisdifferenzen usw. usf. Die Bearbeitung einer Reklamation wäre eine einfache Sache, wenn es nur darum ginge, einen Mangel zu beheben, Schadenersatz zu leisten, eine Ware umzutauschen oder eine Reparatur auszuführen. Viel schwieriger, aber zunehmend wichtiger, ist es, mit der gefühlsmäßigen Seite einer Reklamation oder Beschwerde umzugehen, d.h. mit den Enttäuschungen, Frustrationen, und manchmal auch Aggressionen des Kunden.

## Was erwartet der Kunde beim Kauf?

| **verstandesmäßige Kaufmotive:** | **gefühlsmäßige Kaufmotive:** |
|---|---|
| - Zeit-, Arbeits- und Geldersparnis | - Prestige, Anerkennung |
| - Leistung und Zweckmäßigkeit | - Entspannung, Erholung |
| - Zuverlässigkeit und Lebensdauer | - Spaß, Freude, Glück |
| - Besitz | - Sicherheit, Geborgenheit |
| - Notwendigkeit | - Bequemlichkeit |
| | - Fitness, Attraktivität |
| | - Selbstverwirklichung |
| | - Persönlichkeitsentfaltung |

Kunden haben durchaus Verständnis für Probleme, ja sogar für Irrtümer und Fehler. Sie reagieren jedoch - zu Recht - verärgert und empört, wenn sich Mitarbeiter des Unternehmens für unzuständig erklären und keinerlei Bereitschaft zeigen, das Problem zu lösen. Wie die Praxis zeigt, entsteht besonders starke Kundenverärgerung erst während der Beschwerdeannahme, so daß man sagen kann: »Zornige Kunden werden vom Unternehmen selbst produziert.« Wir wissen heute:

- Nicht die Beschwerde an sich verursacht die Unzufriedenheit des Kunden mit dem Unternehmen, sondern die Art und Weise der Beschwerdebehandlung.
- Die höchste Kundenzufriedenheit mit einem Unternehmen entsteht aufgrund einer zufriedenstellend behandelten Reklamation.
- Die höchste Kundenunzufriedenheit entsteht aufgrund einer nicht zufriedenstellend behandelten Beschwerde.
- Die Zufriedenheit des Kunden mit der Beschwerdebehandlung hängt fast gleichgewichtig von einer einfühlsamen Beziehungsebene und einer fairen Lösung auf der Sachebene ab.
- Von einer zufriedenstellend behandelten Beschwerde erfahren im Durchschnitt fünf bis sieben Personen. Von einer nicht zufriedenstellend behandelten Reklamation erfahren zehn bis fünfzehn Personen. Zufriedene Kunden kommen also nicht nur wieder, sondern bringen dem Unternehmen sogar noch mehr Umsatz.

**Was erwartet der Kunde im Beschwerdefall?**

- Eine schnelle Bearbeitung der Beschwerde.
- Freundliche und individuelle Behandlung.
- Eine faire und angemessene Problemlösung.
- Verläßlichkeit in der Beschwerdebearbeitung.
- Aktive Kontaktaufnahme durch das Unternehmen.

Wir wissen heute mehr als jemals zuvor, weshalb Kunden manche Unternehmen bevorzugen und andere nicht. Qualitätsprodukte und realistische Preise sind ein Muß - das ist aber nicht alles. Die Kunden wollen auch gut behandelt werden; sie bevorzugen Firmen, die besonderen Wert auf den Kundendienst legen.

Leider konzentrieren sich viele Unternehmen immer noch auf die »technische« Seite des Verkaufens und der Kundenbetreuung - und schenken der menschlichen Komponente zu wenig Beachtung. Im harten Wettbewerb kann aber letztlich nur derjenige weiterbestehen, dem es gelingt, den Kunden optimal zufriedenzustellen. Zufriedene Kunden sind für den Erhalt einer Organisation daher von entscheidender Bedeutung.

Fazit: Der Umgang mit Reklamationen und Beschwerden ist in erster Linie ein Problem der emotionalen Beziehungen und wird zu einem lösbaren, kundenfreundlichen und imageerhaltendem Vorgang, wenn Sie sich einmal in die Lage des Kunden versetzen und versuchen, seine Motive zu verstehen. Gelingt es dem Unternehmen durch die Art der Beschwerdebehandlung den Kunden zu überzeugen, so übersteigt dessen Zufriedenheit meist den Wert von sich nicht beschwerenden Kunden. Und wußten Sie, daß es fünfmal soviel kostet, einen neuen Kunden zu gewinnen, wie einen einzigen zu halten?

## Übung 1.1: Meine Erwartungen als Kunde

Sie besuchen als Gast ein Restaurant. Welche Erwartungen haben Sie?

Welche Ihrer Erwartungen sind verstandesmäßiger und welche sind gefühlsmäßiger Natur?

| verstandesmäßige Erwartungen | gefühlsmäßige Erwartungen |
| --- | --- |

Haben Sie sich schon einmal bei einem Restaurantbesuch geärgert? Welche Gründe waren es?

| verstandesmäßige Gründe | gefühlsmäßige Gründe |
| --- | --- |

## 1.4 In Reklamationen stecken Chancen

Wer Kundenorientierung als Voraussetzung für die langfristige Überlebensfähigkeit des Unternehmens erkannt hat, der wird Beschwerden und Reklamationen nicht in erster Linie als abzuwehrendes Problem, sondern als Chance sehen. Sich wiederholende Reklamationen sollten für ein Unternehmen auch ein Anlaß sein, über Mängel und Engpässe im Kundenservice einmal gründlich nachzudenken. Eine Reklamation darf deshalb nicht nur negativ gesehen werden. Im Gegenteil, sie gibt wichtige Hinweise darauf, was man besser machen kann und wie man den Kontakt zum Kunden verstärken kann. Die folgenden Gesichtspunkte sollten bei einer Reklamation immer mitbedacht werden:

- Eine Reklamation gibt die Möglichkeit, bisher verborgene Fehler, Mißstände und Probleme zu erkennen, z.B. Mängel im Sortiment, in der Organisation, in der Dienstleistung. Man hat errechnet, daß dreißig Prozent aller technischen Verbesserungen eines Produktes aufgrund von Reklamationen zustande kommen.
- Kunden, die reklamieren sind meist dem Unternehmen gegenüber nicht negativ eingestellt. Es lohnt also immer, sie zu halten. Schließlich gibt es ja Kunden, die gar nicht erst reklamieren, sondern sich gleich einen neuen Lieferanten suchen oder sofort vor Gericht klagen.
- Reklamationen bieten die Chance, den persönlichen Kontakt zum Kunden zu verstärken. Eine erledigte Reklamation festigt die Bindung des Kunden an das Unternehmen.
- Eine starke Kundenbindung wiederum führt zu Mehrerlösen aufgrund von Wiederholungs- und Zusatzkäufen, das ist vor allem in »gesättigten« Märkten, in denen die Gewinnung von neuen Kunden besonders schwierig ist, ein nicht hoch genug einzuschätzender Vorteil.
- Reklamationen geben Hinweise für zusätzliche Märkte und Verkaufsmöglichkeiten.
- Eine Reklamation kann dem Verkäufer Lernmöglichkeiten bieten, da er zur gründlichster Auseinandersetzung mit der Materie gezwungen wird.
- Eine gut erledigte Reklamation ist sogar werbewirksam für das Unternehmen. So etwas schafft Vertrauen und spricht sich herum.

# 2. Konfliktfall Reklamation

## 2.1 Welche Konfliktursachen gibt es bei einer Reklamation?

Ist es Ihnen nicht schon einmal so ergangen: Ein Kunde ruft an, beschwert sich über irgendeine Sache oder einen Vorgang, das Gespräch verläuft unbefriedigend, und hinterher fragen Sie sich: »Worüber hat sich der Kunde überhaupt beschwert? ... was war der eigentliche Hintergrund? ... was hätte ich anders, besser machen können, wenn ich die Sache klarer durchschaut hätte?«

Fast jede Reklamation oder Beschwerde zeigt einen Fehler oder Konflikt an. Von einem Konflikt sprechen wir bei gegensätzlichen Interessen, Bewertungen, Rollenerwartungen, ungerechten Verteilungen und Spannungen in den zwischenmenschlichen Beziehungen. Jede dieser Ursachen kann bei einer Reklamation eine Rolle spielen. Wir unterscheiden bei einer Reklamation daher:

- Zielkonflikte.
- Beurteilungs- bzw. Bewertungskonflikte.
- Verteilungs- bzw. Ressourcenkonflikte.
- Rollen- bzw. Kompetenzkonflikte.
- Persönliche Beziehungskonflikte.

### Ursache: Zielkonflikt

***Fallbeispiel:*** *Familie U. möchte ihren Urlaub in einem familienfreundlichen Hotel am Mittelmeer verbringen. In dem Hotel gibt es zwar eine ausgezeichnete Kinderbetreuung, aber auch eine laute Disco.*

Einem Zielkonflikt liegen unterschiedliche Erwartungen oder Absichten zugrunde. Beispielsweise entspricht die Qualität eines Produktes oder einer Dienstleistung, es entsprechen die technischen Eigenschaften, die äußere Form, nicht den Vorstellungen des Kunden. Familie U. sah sich durch den Discolärm in ihrem Ziel nach Erholung behindert. Ursachen für einen

Zielkonflikt sind meist Informationsdefizite und mangelnde Kommunikation. Eine solche Situation entsteht, wenn der Kunde sein Problem nicht richtig erkannt hat oder wenn er nicht richtig beraten wurde. Ein Zielkonflikt liegt auch dann vor, wenn der Kunde entweder das falsche Produkt erworben hat oder er eine Kaufentscheidung, die bis dato richtig war, plötzlich in Frage stellt.

*Was ist zu tun?*
Zielkonflikte lassen sich dadurch vermeiden, indem man vorher genaue Vereinbarungungen über Art und Umfang des Auftrages trifft. Klären Sie den Kunden vorsichtig auf. Falls der Kunde trotzdem reklamiert, verhelfen Sie ihm auf irgendeine Weise zu seiner Zielerreichung. Für die Familie U. wäre das z.B. die Unterbringung in einem anderen Hotel.

## Ursache: Bewertungs- bzw. Beurteilungskonflikt

***Fallbeispiel**: Frau H. ist verärgert über die die Höhe der Rechnung ihrer Autowerkstatt. Sie hat zwar zugestimmt, daß alle von der Reparaturfirma festgestellten Mängel an ihrem Wagen behoben werden sollen, dennoch ist sie der Meinung, daß der Einbau eines teuren Ersatzteils nicht notwendig gewesen wäre.*

Bei einem Bewertungskonflikt streiten sich zwei Parteien über die Ausführung bzw. Umsetzung einer gemeinsam vereinbarten Sache. Mit anderen Worten: die Zielvereinbarung ist klar, das Endergebnis wird jedoch unterschiedlich bewertet. Die Ursachen für Bewertungskonflikte liegen in den unterschiedlichen Wertmaßstäben, in den Wissens- und Erfahrungshintergründen der Beteiligten. Eine objektive Beurteilung der Sachlage durch den Kunden gibt es selten; sie ist aus rein fachlichen Gründen meist gar nicht möglich. Kunden nehmen auch häufig Anstoß am »Geschäftsgebaren«, d.h. an der Art und Weise, wie auftretende Probleme von der Auftragsfirma gelöst werden.

*Was ist zu tun?*
Zweifeln Sie nicht an der Ehrlichkeit des Kunden. Berücksichtigen Sie, daß man die Dinge nicht immer objektiv sieht und richtig einschätzen kann. Stellen Sie den Kunden also niemals bloß, und versuchen Sie nicht, ihn zu widerlegen. Es ist nicht die Aufgabe des Auftragnehmers, den Kunden von der Unrichtigkeit seiner Erwartungen zu überzeugen, sondern ihm eine Problemlösung anzubieten.

## Ursache: Verteilungs- bzw. Ressourcenkonflikt

***Fallbeispiel:** Herr K. hat sich selbständig gemacht und bestellt bei einem namhaften Hersteller eine exklusive Büroeinrichtung. Da der Liefertermin schon zweimal nicht eingehalten wurde und Herr K. deshalb seine Klienten noch in seinem alten Büro empfangen mußte, ist er verärgert. Er ist der Meinung, daß ihm ein wichtiger Klient wegen der alten, nicht gerade attraktiven Büroeinrichtung verlorenging und fordert daher einen Preisnachlaß von zwanzig Prozent. Da die Firma auf das Argument nicht eingeht, bringt Herr K. den Fall vor Gericht.*

Bei den meisten Reklamationen geht es um materielle Ressourcen. Der reklamierende Kunde sieht Zeit- und Geldverluste auf sich zukommen. Er besteht, zurecht oder unrecht, auf materielle Vergünstigungen (Rabatte, Preisnachlässe, Mehrleistungen). Es gibt Kunden, die Fehler vom Lieferanten aufbauschen oder Vergleiche mit Konkurrenzfirmen anstellen, um die Bezahlung einer Ware hinauszuschieben bzw. um einen Preisnachlaß herauszuschlagen. Manchmal stellen reklamierende Kunden erhöhte Forderungen als Ausgleich für eine ungerecht empfundene Behandlung. Verteilungs- bzw. Ressourcenkonflikte sind oft Symptome für übergangene emotionale Bedürfnisse nach Anerkennung und Wertschätzung.

*Was ist zu tun?*
Versuchen Sie die Motive, die hinter den Forderungen des Kunden stehen, zu ergründen und zu befriedigen. Seien Sie großzügig. Es ist besser, hundert Mark als einen Kunden zu verlieren. Der Firma in unserem Fallbeispiel wäre viel Ärger erspart geblieben, wenn sie sich etwas kulanter gezeigt hätte. Nachteilig wirkte sich zudem das Versäumnis aus, das Bedürfnis von Herrn K. nach Anerkennung und Prestige gebührend zu berücksichtigen.

## Ursache: Rollen- bzw. Kompetenzkonflikt

***Fallbeispiel:** Frau L. bittet ihren Mann wegen ihres defekten Staubsaugers bei der Herstellerfirma anzurufen. Ihr Mann gibt vor, mit der Firma schon »fertig zu werden«. Er stellt den Defekt gravierender dar, als er ist; er zieht bei dieser Gelegenheit noch heftig über den Firmenvertreter her und droht damit, die Sache an die Öffentlichkeit zu bringen.*

Es kommt vor, daß Kunden die Aufgabe zu reklamieren, an andere Personen delegieren. Der bzw. die Betreffende ist aber meist nur unzureichend informiert, es kommt zu Ärger und zu Mißverständnissen. Manchmal sucht sich der Kunde den vermeintlichen Verantwortlichen aus und er gerät unversehens an den »Falschen«. Solche Mißverständnisse können natürlich auch auf Firmenseite verursacht werden, wenn z.B. ein nicht zuständiger Mitarbeiter die Reklamation entgegennimmt bzw. unsachgemäß bearbeitet. Unklare Rollen- und Kompetenzverhältnisse sind im Falle einer Reklamation besonders peinlich und tragen zu unnötigem Ärger bei.

*Was ist zu tun?*
Klären Sie gleich am Anfang die Zuständigkeiten. Vergewissern Sie sich stets Ihrer eigenen Befugnisse und stellen Sie im Zweifelsfalle sicher, daß Sie mit dem richtigen Ansprechpartner verhandeln. Delegieren Sie keine wichtige Reklamation, für die *Sie* zuständig sind, an Mitarbeiter.

## Ursache: Persönlicher Beziehungskonflikt

***Fallbeispiel:*** *Herr M. ist äußerst ungehalten darüber, daß sein neues Computerprogramm immer wieder »abstürzt«. Er ruft bei seiner Händlerfirma an und macht erst einmal seinem Ärger Luft. Der Kundendienstmitarbeiter reagiert darauf mit den Worten: »Ich habe im Moment Wichtigeres zu tun, als mir Ihr Geschrei anzuhören. Rufen Sie mich an, wenn Sie sich wieder beruhigt haben.« Herr M. ist darüber verständlicherweise noch mehr verärgert und wendet sich an den Geschäftsführer.*

Gewiß, nicht jede Reklamation stellt von Anfang an einen persönlichen Beziehungskonflikt dar. Ist der Umgangston sachlich und verständnisvoll, und kommt man schnell zu einer beiderseits befriedigenden Lösung, kann die Angelegenheit geradezu harmonisch verlaufen. In der Praxis sieht es jedoch oft so aus: Der Reklamationsempfänger wird »kalt erwischt«, d.h. er weiß nicht gleich, worum es bei der Beschwerde geht. Der reklamierende Kunde ist emotional »geladen« und oft gar nicht in der Lage, die sachlichen Details genau zu erklären. Auch wenn er sich gereizt, ablehnend oder gar aggressiv verhält, bedeutet das nicht, daß er es persönlich meint. Der reklamierende Kunde sucht zuerst ein Ventil, um seinen Ärger, seinen Zorn und seine Enttäuschung loszuwerden. Reagiert der Beschwerdeempfänger falsch, ist die Gefahr groß, daß eine Reklamation in Streit ausartet. Im Zuge sich wiederholender Mißverständnisse oder kleinerer Konfliktepisoden können sich auf beiden Seiten Ressentiments und Antipathien aufbauen. Dann wird eine Lösung auf der Sachebene immer schwieriger.

*Was ist zu tun?*
Bleiben Sie immer freundlich, bewahren Sie Ruhe, lassen Sie den Kunden ausreden und hören Sie zu. Verzichten Sie auf »Retourkutschen«. Finden Sie zu versöhnlichen Gesten und suchen Sie stets den persönlichen Kontakt.

Die genannten Konflikttypen treten bei einer Reklamation selten einzeln, sondern meist in kombinierter Form auf. Daher ist es wichtig, jeden einzelnen Fall genau zu analysieren, um ihn optimal behandeln zu können.

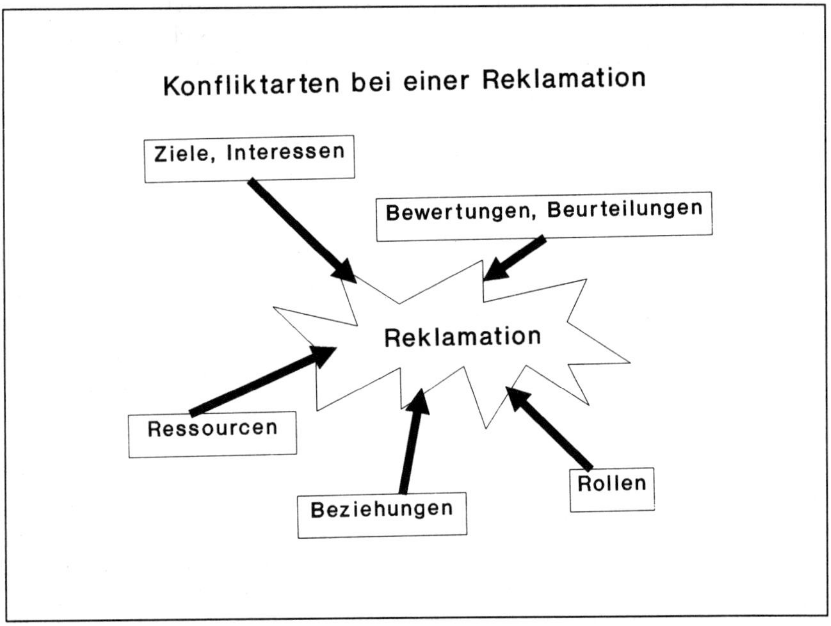


Abb. 2.1

## Übung 2.1: Der Fall und die Lösung

Testen Sie sich einmal selbst. Finden Sie heraus, um welche Konfliktart es sich bei den folgenden Beispielen handelt und welche Maßnahmen Sie ergreifen können, um den Fall zu lösen.

**Fall 1:** Frau Saubermann hat sich eine neue Waschmaschine gekauft. Beim Transport in den Keller, zusammen mit ihrem Mann, hat die Tür der Waschmaschine einen Schlag abbekommen und klemmt seitdem. Frau Saubermann besteht gegenüber der Händlerfirma auf Garantieleistung und fordert einen Umtausch.

Um welche Konfliktart handelt es sich?

| ☐ | ☐ | ☐ | ☐ | ☐ |
|---|---|---|---|---|
| **Ziel-Konflikt** | **Bewertungs-, Konflikt** | **Verteilungs-, Konflikt** | **Rollen-, Konflikt** | **Beziehungs-Konflikt** |

Wie gehen Sie vor?

________________________________________

________________________________________

________________________________________

**Fall 2:** Herr Müller kauft einen Teppichboden und stellt zu Hause fest, daß Farbe und Muster nicht zu seiner Einrichtung passen. Er möchte einen Umtausch.

Um welche Konfliktart handelt es sich?

| ☐ | ☐ | ☐ | ☐ | ☐ |
|---|---|---|---|---|
| **Ziel-Konflikt** | **Bewertungs-, Konflikt** | **Verteilungs-, Konflikt** | **Rollen-, Konflikt** | **Beziehungs-Konflikt** |

Wie gehen Sie vor?

________________________________________

________________________________________

________________________________________

**Fall 3:** Herr Wütig schreit den Kundendienstmitbearbeiter Ihrer Firman am Telefon an. Der Sachbearbeiter reagiert darauf mit den Worten: »Das lasse ich mir von Ihnen nicht gefallen!« und wirft den Hörer auf die Gabel. Herr Wütig beschwert sich bei Ihnen über das Verhalten des Mitarbeiters.

Um welche Konfliktart handelt es sich?

| ☐ | ☐ | ☐ | ☐ | ☐ |
|---|---|---|---|---|
| **Ziel-Konflikt** | **Bewertungs-, Konflikt** | **Verteilungs-, Konflikt** | **Rollen-, Konflikt** | **Beziehungs-Konflikt** |

Wie gehen Sie vor?

______________________________

______________________________

______________________________

**Fall 4:** Ein Firmenvertreter für Klimaanlagen hat dem Bauherrn Müller eine termingerechte Lieferung zugesagt. Nachdem der Termin nicht eingehalten wurde, beschwert sich Herr Müller beim Kundendienst der Firma, der von der Zusage nichts wußte.

Um welche Konfliktart handelt es sich?

| ☐ | ☐ | ☐ | ☐ | ☐ |
|---|---|---|---|---|
| **Ziel-Konflikt** | **Bewertungs-, Konflikt** | **Verteilungs-, Konflikt** | **Rollen-, Konflikt** | **Beziehungs-Konflikt** |

Wie gehen Sie vor?

______________________________

______________________________

______________________________

**Fall 5:** Im Zuge einer Reparatur wurden einem Kunden hundert Mark für ein Ersatzteil berechnet. Der Kunde sieht dasselbe Ersatzteil in einem Fachmarkt für nur siebzig Mark angeboten. Er ruft Sie an und fordert, daß ihm der Restbetrag von dreißig Mark gutgeschrieben wird.

Um welche Konfliktart handelt es sich?

| ☐ | ☐ | ☐ | ☐ | ☐ |
|---|---|---|---|---|
| **Ziel-Konflikt** | **Bewertungs-, Konflikt** | **Verteilungs-, Konflikt** | **Rollen-, Konflikt** | **Beziehungs-Konflikt** |

Wie gehen Sie vor?

______________________________

______________________________

______________________________

(Auflösung siehe Anhang)

## 2.2 Die neun Konfliktstufen einer Reklamation

Käufer: Dieses Kopiergerät, das Sie mir verkauft haben, taugt nichts.
Verkäufer: Reden Sie keinen Unsinn, das ist das beste Gerät, das Sie zu diesem Preis bekommen können.
Käufer: Trotzdem, ich möchte mein Geld zurück.
Verkäufer: Wie stellen Sie sich das vor? So einfach geht das nicht.
Käufer: Dann verklage ich Sie.
Verkäufer: Nur zu, verklagen Sie mich. Sie werden schon sehen, was Sie davon haben.

Wie jeder Konflikt, so hat ein Reklamationsfall die Tendenz zu eskalieren, wenn er nicht von Anfang an in der richtigen Weise behandelt wird. Es geht ja nicht nur um die objektiven Ursachen einer Reklamation oder Beschwerde, sondern auch um die Gedanken, Gefühle, Wahrnehmungen und Einstellungen der Beteiligten. Sind erst einmal die Emotionen am Kochen, ist eine sachliche Lösung fast unmöglich. Reagiert das Unternehmen falsch, ist die Eskalation vorprogrammiert. Dies geschieht jedoch nicht von heute auf morgen, sondern entwickelt sich stufenweise.

Bei einem Konflikt gibt es nämlich mehrere Eskalationsstufen. Man kann sich diese Eskalationsleiter wie ein Schleusensystem vorstellen: Bei Erreichen einer Stufe wird ein Schleusentor zugemacht, so daß die Rückkehr zu einer früheren Stufe erschwert wird. Manche dieser Stufen repräsentieren die »heißen«, andere die »kalten« Phasen des Konflikts.

Schauen wir uns einmal an, was aus einem harmlosen Reklamationsfall werden kann, wenn er nicht richtig behandelt wird.

### Stufe 1: »Verstimmung«

Der Kunde zeigt sich verstimmt über einen mehr oder minder schweren Anlaß. Das kann z.B. eine verspätete Lieferung sein, ein nicht erfolgter Anruf der Firma, eine beschädigte Ware oder eine schwer verständliche Bedienungsanleitung. Manchmal handelt es sich auch nur um ein Mißverständnis. Der Kunde bringt Liefertermine durcheinander, er hält eine bestimmte Produkteigenschaft fälschlicherweise für einen Produktionsfehler usw. Was auch immer der Hintergrund sein mag, der Kunde ist verstimmt, und das bedeutet, daß er emotional betroffen ist.

### Stufe 2: »Debatte«

Diese Stufe ist erreicht, wenn der Kunde den tatsächlichen oder vermeintlichen Schaden reklamiert. Er greift bei dieser Gelegenheit zum Telefon, Faxgerät, Fernschreiber oder schaut auch schon einmal persönlich in der Firma vorbei, um sich zu beschweren. »Debatte« heißt nichts anderes, als daß der Konflikt verbalisiert wird. Auf dieser Stufe kommt es ganz entscheidend auf die richtige Gesprächsführung des Beschwerdeempfängers an. Ein am Menschen und an der Sache orientierter »Debattenstil« kann den Konflikt jetzt schon beenden oder zumindest entschärfen. Doch auf dieser Stufe wird viel »gesündigt«, und zwar auf beiden Seiten: Der Kunde ist oft unangemessen aggressiv und der Reklamationsbearbeiter reagiert seinerseits ungeschickt, gereizt oder gar verletzend.

### Stufe 3: »Kontaktabbruch«

Konnte der Konflikt durch das persönliche Gespräch nicht zufriedenstellend gelöst oder eingedämmt werden, herrscht für einige Zeit »Funkstille«, solange, bis eine Seite die Initiative ergreift und wieder zur »Debatte« zurückfindet. Je länger die Zeit des Schweigens dauert, desto größer werden jedoch die Spannungen. Die andere Seite wird zunehmend mit »anderen Augen« gesehen. Was einen eben noch verband, gerät in Vergessenheit und Trennendes, z.B. frühere Fehler und Versäumnisse der anderen Partei (»Mit dem gab's doch schon einmal Schwierigkeiten!«), wird umso mehr hervorgehoben. Man geht sich aus dem Weg.

### Stufe 4: »Soziale Ausweitung«

Aufgrund der angestauten negativen Gefühle neigt der sich ungerecht behandelt fühlende Kunde (manchmal auch der Reklamationsempfänger) dazu, Verbündete für seine Sichtweise zu gewinnen. Man redet schlecht über das Unternehmen bzw. über den Reklamierer. Drittpersonen werden dann, gewollt oder ungewollt, zu Beteiligten des Konflikts. Wie man aus Untersuchungen weiß, erfahren von einer nicht zufriedenstellend behandelten Beschwerde im Durchschnitt zehn Personen. Solche negative Mund-zu-Mund-Propaganda kann einem Unternehmen erheblich schaden. Manchmal scheuen sich Kunden auch nicht, Mitarbeiterinnen und Mitarbeiter der Firma, die mit der Sache gar nichts zu tun haben, anzurufen und über den Kundendienst herzuziehen.

## Stufe 5: »Strategie «

Auf dieser Stufe entsteht das Bedürfnis, Strategien auszuarbeiten, wie man die andere Seite unter Druck setzen und wie man sich gegen erwartete Angriffe wirksam schützen kann. (»Was kommt als nächstes?«, »Wie können wir uns dagegen wehren?«). Es besteht auch der Wunsch, die Strategiekonzepte der Gegenseite zu kennen, um sie gegebenenfalls durchkreuzen zu können. Hier wird schon einmal die Rechtsabteilung zu Rate gezogen.

## Stufe 6: »Drohung, Sabotage«

In dieser Phase werden die gefaßten Vorsätze in die Tat umgesetzt. Beide Seiten zeigen sich immer weniger kompromißbereit; sie neigen dazu, Druck auszuüben und die Ziele der anderen Partei zu sabotieren. Der Kunde zahlt die Rechnung nicht, kürzt oder zahlt erst später; Lieferungen bleiben deswegen aus oder Reparaturen werden nicht ausgeführt. Der Kunde macht sich im Gegenzug auf die Suche nach einem anderen Lieferanten. Beide Seiten drohen mit juristischen Schritten. Die Art und Intensität der Drohgebärden und der gegenseitigen »Gewaltanwendung« bleibt vorerst noch begrenzt.

## Stufe 7: »Regelbruch«

Bisher haben sich beide Parteien noch an gewisse Spielregeln gehalten. Jeder Konflikt steuert aber auf eine Wendemarke zu, wenn keine Seite mehr zum Einlenken bereit ist und man durch wachsendes Mißtrauen und gegenseitige Drohungen in eine Sackgasse geraten ist. Dann fehlt nur noch der Funke, der das Pulverfaß zur Explosion bringt. Das kann eine ungeschickte Äußerung in einem Gespräch bzw. Formulierung in einem Schreiben sein, manchmal reicht schon ein Gerücht. Der Fall wird den Juristen übergeben.

## Stufe 8: »Angriffe aufs Hinterland«

Auf dieser Stufe wird der Konflikt zum alles beherrschenden Thema. Er bestimmt die Wahrnehmungen, Gedanken und Gefühle der Beteiligten. Die anfängliche »Verstimmung« ist längst dem Bedürfnis gewichen, sich für all die Unannehmlichkeiten und den Ärger zu rächen. Jetzt sind alle Bestrebungen darauf ausgerichtet, dem Gegner zu schaden und dadurch Genugtuung zu erfahren. Oft wird die Angelegenheit in den Medien ausgetragen. Dabei werden tatsächliche oder vermeintliche Verbündete der Gegenpartei nicht ausgenommen. Es kommt zu - meist überhöhten - Schadenersatzforderungen, Beleidigungs- bzw. Verleumdungsklagen usw. Der Fall landet schließlich vor Gericht.

## Stufe 9: »Totaler Krieg«

Gerichtliche Entscheidungen können mitunter lange auf sich warten lassen und außerdem gibt es ja noch den Instanzenweg. Und dieser Weg kann zermürbend sein. Auf dieser Stufe werden alle Energien dazu verwendet, der Gegenseite einen möglichst großen Schaden zuzufügen, auch auf die Gefahr hin, daß man selbst Nachteile davonträgt. Die geschäftlichen Beziehungen sind für alle Zeiten zerstört.

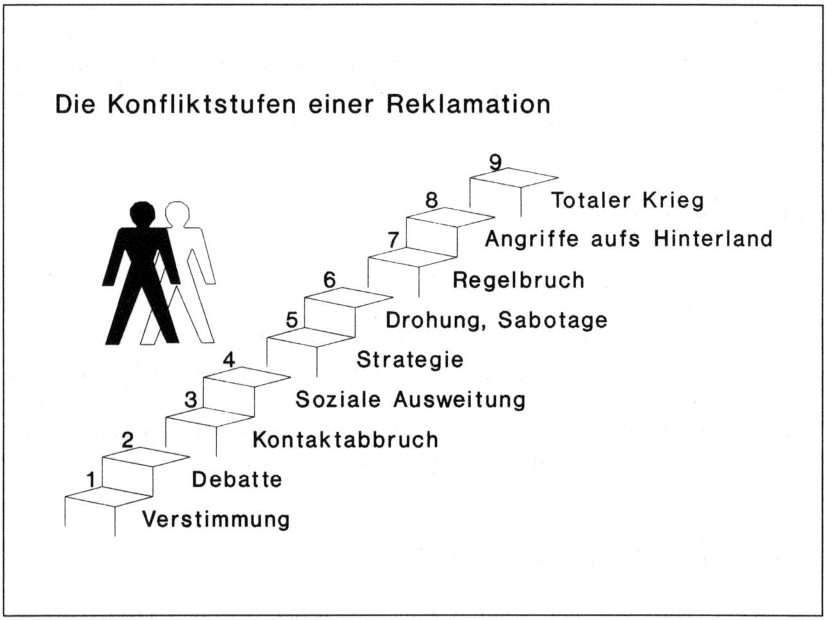


Abb. 2.2

Übrigens: Beide Konfliktparteien, also Kunde und Unternehmen, müssen den Konflikt nicht in gleicher Weise wahrnehmen. Denkbar ist, daß sich eine Partei bereits auf einer höheren Konfliktstufe befindet, bevor die andere Seite überhaupt merkt, daß es ein Problem gibt. Es können auch mehrere Konfliktstufen übersprungen werden. Das wäre z.B. der Fall, wenn der Kunde oder das Unternehmen vorzeitig den Rechtsweg beschreitet.

In jedem Fall sehen wir, wozu eine Reklamation führen kann, wenn sie sich zum persönlichen Konflikt zwischem dem Kunden und dem Unternehmen entwickelt. Es entstehen auf beiden Seiten Kosten, die man hätte vermeiden können. Außerdem werden durch einen Konflikt viel Energien und Ressourcen gebunden, die man besser für konstruktive Zwecke verwendet hätte.

### *Wie läßt sich eine konflikthafte Entwicklung vermeiden?*

- Denken Sie daran, schon zu einem möglichst frühen Zeitpunkt auf die Symptome einer Eskalation (z.B. Kontaktabbruch) zu reagieren. Denn, je mehr der Konflikt eskaliert ist, desto schwieriger wird es, ihn auf eine niedrigere Stufe zurückzuführen.
- Wichtig ist, daß Sie auf Drohungen des Kunden nicht Ihrerseits mit Drohungen reagieren. Dies gilt auch dann, wenn der Konflikt ins juristische Stadium (ab Stufe 7) eingetreten ist.
- Wählen Sie immer den Weg des persönlichen Kontakts. Höhere Konfliktstufen sollten immer auf die Ebene der »Debatte« zurückgeführt werden.
- Übernehmen Sie die »Patenschaft« für die Reklamation bzw. Beschwerde, die an Sie herangetragen wird. Die meisten Beschwerden lassen sich nicht in einem einzigen Kontakt beheben. Hat der Kunde im Verlauf der Beschwerdebehandlung mit mehreren Kontaktpersonen zu tun, bekommt er schnell das Gefühl, »herumgereicht« zu werden. Eine ständige Kontaktperson vermittelt ihm dagegen das Gefühl der Sicherheit gegenüber einem »übermächtigen« Unternehmen.
- Hat sich zwischen dem Kunden und dem Bearbeiter der Reklamation ein Beziehungskonflikt entwickelt, ist also eine emotionsfreie, sachliche »Debatte« nicht mehr möglich, sollte ein Partnerwechsel vorgenommen werden.
- Schalten Sie, wenn der Konflikt zu eskalieren droht, eine von beiden Seiten akzeptierte »dritte Partei« bzw. einen Schlichter ein.
- Übrigens ist vorbeugen besser als heilen. Rufen Sie vorher beim Kunden an, wenn Sie einen Grund zu einer Verstimmung vermuten oder wenn sich beispielsweise ein Lieferverzug abzeichnet. Fragen Sie den Kunden auch nach seiner Zufriedenheit, bevor er reklamiert.

## 2.3 Ablaufsschema einer konflikthaften Reklamation

Lesen Sie bitte den folgenden Dialog zwischen einem Kunden, der wegen einer defekten Kaffeemaschine reklamiert, und dem Fachverkäufer eines Elektrowarengeschäfts, und beantworten Sie die nachfolgenden Fragen.

**»Die defekte Kaffeemaschine«**

Kunde: Also ich habe vor etwa zwei Monaten diese Kaffeemaschine bei Ihnen gekauft.

Verkäufer: Ich erinnere mich. Und was ist damit?

Kunde: Heute morgen wollte ich mir einen Kaffee machen und als ich aus dem Bad kam, war der Filter noch trocken und im Wasser hat sich auch nichts bewegt.

Verkäufer: Passen Sie auf, ich stecke den Stecker jetzt hier rein und wir werden sehen, was passiert.

Kunde: Das tun Sie mal. Ich würde mich nicht wundern, wenn das Ding jetzt wieder läuft.

Verkäufer: Haben Sie auch nicht vergessen, die Maschine einzuschalten?

Kunde: Also, jetzt hören Sie mal!

Verkäufer: Ja, sieht nicht so aus, als ob sich da was tut.

Kunde: Kann ja auch nicht, die Maschine ist kaputt!

Verkäufer: Kaputt, kaputt, das kann man so nicht sagen.

Kunde: Ha, wie würden Sie's denn nennen? Sie sehen doch, daß das Ding nicht funktioniert!

Verkäufer: Vielleicht ist da ja nur ein Wackelkontakt im Kabel oder im Schalter.

Kunde: Hab' ich doch schon alles probiert.

Verkäufer: So, haben Sie alles probiert?

Kunde: Ist ja auch egal, also ich möchte, daß Sie mir diese Maschine umtauschen.

Verkäufer: Das würde ich gerne tun, aber so einfach geht das nicht.

Kunde: Ja, Moment mal, haben Sie mir nicht damals diesen Garantieschein eigenhändig ausgefüllt?

Verkäufer: Ja, hab' ich.

Kunde: Also, jetzt sind noch keine zwei Monate rum und ich bringe Ihnen Ihr Schmuckstück zurück.

Verkäufer: Ist ja auch alles richtig, deshalb werden wir das Gerät so schnell wie möglich einschicken und reparieren lassen.

Kunde: Ist das alles, was Sie mir anbieten können?

Verkäufer: Schauen Sie, nicht wir sind für die Gewährleistung der Garantie verantwortlich, sondern der Hersteller. Und in seinen Garantiebestimmungen steht (liest vor): Soweit Ersatzleistungen gesetzlich verpflichtend sind, werden wir unter Ausschluß des Rechts auf Wandlung oder Minderung nach unserer Wahl entweder kostenlos nachbessern oder kostenlos Ersatz leisten.

Kunde: Und was heißt das?

Verkäufer: Das heißt, daß dieser Hersteller für Sie als Kunde das Recht auf Rückgängigmachung des Vertrages oder auf Kaufpreisreduzierung ausdrücklich ausschließt. Also, wir senden das Gerät jetzt ein und erhalten vom Hersteller meistens ein Ersatzgerät. Nur müssen wir darauf ein bißchen warten. Das einzige was wir jetzt für Sie tun können, ist, daß wir die Sache so schnell wie möglich abwickeln.

Kunde: Und wie lange dauert sowas?

Verkäufer: Nach unseren Erfahrungen zwei bis drei Wochen.

Kunde: Sagen Sie mal, das darf doch wohl nicht Ihr Ernst sein. Ich verlange von Ihnen eine andere Maschine, und zwar sofort!

Verkäufer: Hören Sie, es tut mir wirklich leid, daß Ihnen das mit der Maschine passiert ist, aber ich kann Ihnen unmöglich eine andere dafür mitgeben.

Kunde: Warum denn nicht, es stehen doch genug da?

Verkäufer: Ja, und was mache ich mit dieser Maschine?

Kunde: Na, reparieren und verkaufen!

Verkäufer: Wir sind doch kein Trödelladen!

Kunde: Das interessiert mich alles nicht, guter Mann, ich habe Ihnen ordentliches Geld gegeben, dafür kann ich ordentliche Ware verlangen. Aber, ich hätte diese Maschine von Anfang an nicht nehmen sollen.

Verkäufer: Ich kann nur wiederholen, daß es mir wirklich leid tut, daß Ihnen das mit der Maschine passiert ist. Eigentlich haben wir mit diesem Produkt noch nie Ärger gehabt. Und wenn Sie mich heute fragen würden, dann würde ich Ihnen nochmal die gleiche Maschine empfehlen.

Kunde: Also, ich möchte jetzt den Geschäftsführer sprechen.

## Übung 2.2: Wie beurteilen Sie das Verhalten des Verkäufers?

1. Hört der Verkäufer dem Kunden wirklich zu?

☐ Ja ☐ Nein ☐ teils, teils

2. Stellt der Verkäufer Fragen, um das Problem zu analysieren?

☐ Ja ☐ Nein ☐ teils, teils

3. Macht der Verkäufer Vorschläge, wie das Problem zu beheben sei und bezieht er den Kunden mit ein?

☐ Ja ☐ Nein ☐ teils, teils

4. Geht der Kunde mit einem Gefühl der Zufriedenheit nach Hause?

☐ Ja ☐ Nein ☐ teils, teils

5. Wie beurteilen Sie das Verhalten des Verkäufers?

______________________________

______________________________

______________________________

6. Welche Konfliktpotentiale sehen Sie?

______________________________

______________________________

______________________________

7. Wie reagiert der Kunde?

______________________________

______________________________

______________________________

Vergleichen Sie nun bitte Ihre Antworten mit dem Kommentar des Autors.

## Kommentar:

*Was macht der Verkäufer falsch?*

- Es wird kein positives Beziehungsklima zum Kunden hergestellt. Der Verkäufer wirkt von Anfang an genervt. Er behandelt den Kunden wie ein unmündiges Kind.
- Er macht überflüssige Feststellungen (»Sieht nicht so aus, als ob sich da was tut.«) und bringt den Kunden durch nichtssagende Floskeln (»Kaputt, kaputt, das kann man so nicht sagen.«) auf die Palme.
- Die Erklärung, weshalb ein Umtausch nicht möglich ist, kommt reichlich spät und dann noch im Amtsdeutsch.

- Der Verkäufer gerät immer mehr in die Defensive und wird zum Schluß sogar noch ausfallend (»Wir sind doch kein Trödelladen!«). Daß es dem Verkäufer leid tut, daß der Kunde jetzt ohne Kaffeemaschine auskommen muß, nimmt ihm niemand mehr ab.

*Wie reagiert der Kunde?*
- Der Kunde reagiert - spiegelbildlich zum Verhalten des Verkäufers - immer gereizter. Kein Wunder, daß er auf den Vorschlag des Verkäufers, die Kaffeemaschine einzuschicken, nicht eingeht und stattdessen kategorisch eine Ersatzmaschine bzw. einen Umtausch verlangt.
- Durch das ungeschickte Verhalten des Verkäufers ist am Ende eine Situation entstanden, in der dem Kunden nichts anderes übrigbleibt, als sich zu ärgern.

Schauen wir uns den Ablauf des Reklamationsgesprächs wegen der defekten Kaffeemaschine noch einmal im Schema an, um zu verstehen, weshalb daraus ein unlösbarer Konflikt entstanden ist.

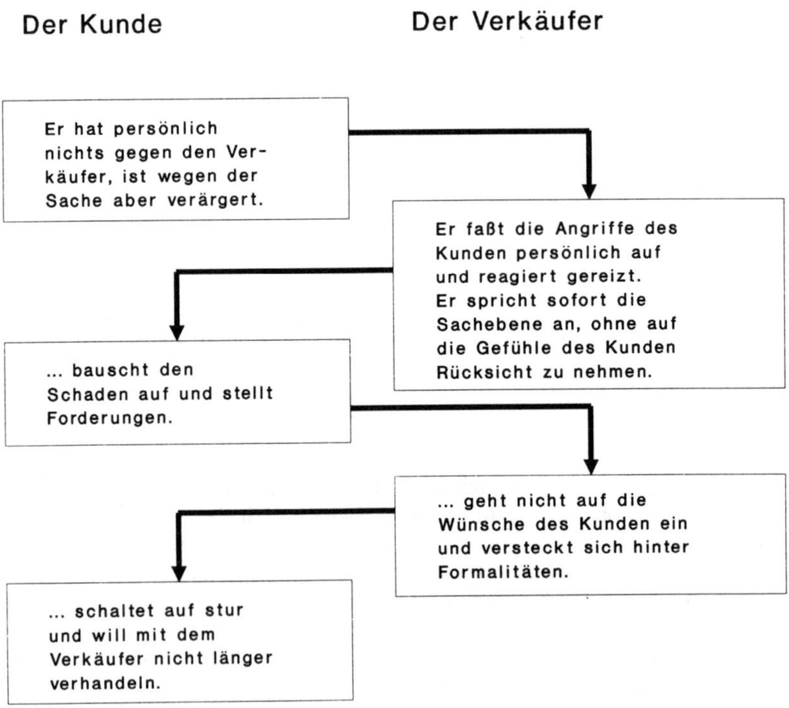

## Wie reagieren unzufriedene Kunden, und woran erkennt man, daß es einen Konflikt gibt?

Jeder Kunde verhält sich anders in einer Beschwerdesituation. Menschen haben nun einmal verschiedene Charaktere und Temperamente. Der eine ist impulsiv und laut, ein anderer zurückhaltend und vorsichtig, andere wiederum sind betont höflich, obwohl sie innerlich vor Wut kochen. Deshalb ist es für den Kundenberater wichtig, die Konfliktsymptome im Verhalten des Kunden zu erkennen, um auf jeden Reklamierenden individuell eingehen zu können. Folgende Verhaltensweisen des Kunden sollten Sie veranlassen, über Ihre Beziehung zu ihm nachzudenken und gegebenenfalls Ihre Strategie zu ändern:

*Skepsis, Ablehnung und Widerstand*
- Der Kunde ist mißtrauisch und äußerst skeptisch;
- er unterbricht und widerspricht häufig;
- er ist kurzangebunden und zeigt Ihnen die »kalte Schulter«.

*Gereiztheit, Aggressivität und Feindseligkeit*
- Der Kunde schreit, tobt, spricht Drohungen aus, greift Ihre Firma oder Sie persönlich an;
- er neigt zu negativen Generalisierungen über den Kundendienst oder die Produkte Ihrer Firma;
- er macht darüber zynische und sarkastische Bemerkungen.

*Sturheit, Unnachsichtigkeit*
- Der Kunde besteht auf seinen Forderungen;
- er ist nicht kompromißbereit;
- er geht auf Ihre Vorschläge nicht ein.

*Intrigen, Gerüchte*
- Der Kunde geht mit der Angelegenheit an die Öffentlichkeit;
- er verbreitet negative Propaganda über Ihr Unternehmen.

## Typische Fehler des Reklamationsempfängers:

- er reagiert gereizt und gekränkt;
- er zweifelt die Darstellung des Kunden an;
- er ignoriert die Emotionen des Kunden;
- er kommt gleich zur Sache, ohne den Kunden anzuhören;
- er verteidigt und rechtfertigt sich übermäßig;

- er gibt anderen die Schuld;
- er versucht, die Beschwerde des Kunden zu verniedlichen;
- er will den Reklamierer beruhigen;
- er läßt sich auf Diskussionen ein, ohne den Sachverhalt genau zu prüfen;
- er widerspricht und belehrt.

---

## Übung 2.3: Als ich selbst der Kunde war

---

Denken Sie einmal an eine Situation zurück, in der Sie selbst der Reklamierende waren.

Was war der Anlaß?

---

---

---

Wie war Ihnen zumute?

---

---

---

Wie wurde Ihre Beschwerde behandelt? Waren Sie eher zufrieden oder unzufrieden?

---

---

---

Wie haben Sie sich danach gegenüber dem Unternehmen verhalten?

---

---

## 2.4 Die Sach- und Beziehungsebene einer Reklamation

Jede Reklamation hat ihre Sach- und Beziehungs- bzw. Gefühlsebene. Auf der Sachebene geht es um den »offiziellen« Reklamationsanlaß, z.B. um ein beschädigtes Produkt oder einen nicht eingehaltenen Liefertermin. Auf der Gefühlsebene wirken sich dagegen eher sachunabhängige Faktoren aus: Was immer der Grund für die Reklamation sein mag, der Kunde ist verärgert, frustriert, enttäuscht, er sucht nach dem »Schuldigen«, er fühlt sich im Moment als die wichtigste Person und drängt auf sofortige Behandlung des Falles.

*Warum reagieren Kunden überhaupt emotional?*

- Mit der Reklamation ist für den Kunden Zeit- und Geldverlust verbunden.
- Der Kunde sieht sich in seiner Handlungsfreiheit beschnitten, er kann z.B. eigene Lieferverträge nicht einhalten.
- Er verteidigt sein Ego und sein Selbstwertgefühl.
- Er war noch nie in einer vergleichbaren Situation.
- Er ist in ähnlichen Situationen schlecht behandelt worden.
- Er ist vielleicht schon aus einem anderen Grund schlecht gelaunt.

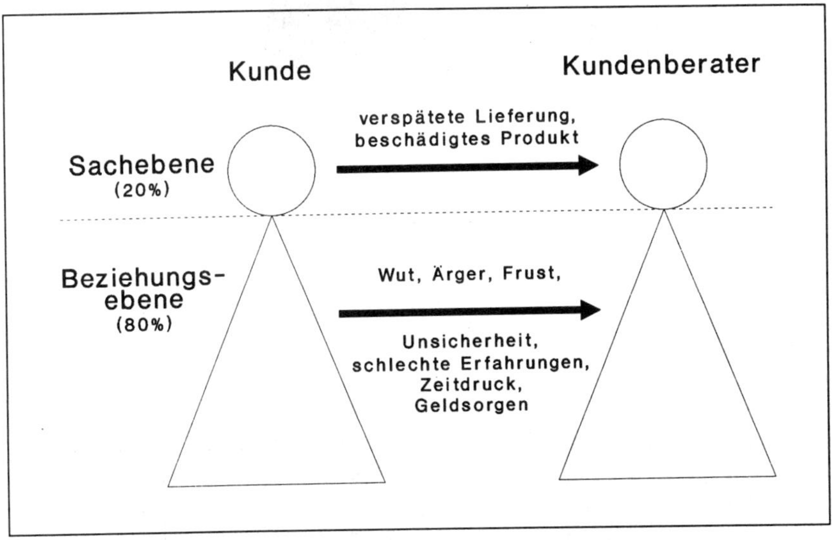


Abb. 2.3

Solange die Beziehungsebene neutral ist, läßt sich in Sachfragen schnell eine Übereinkunft treffen. Ist einer der Gesprächspartner jedoch schon vorher verärgert, nervös oder gereizt, wird für ihn die Beziehung wichtiger als der Sachinhalt. Für den Kunden steht also zunächst die Gefühlsebene im Vordergrund. Emotionen beeinflussen unser Denken und Handeln in weitaus höherem Maß, als dies allgemein hin angenommen und zugegeben wird. Starke Emotionen sind immer mit einer erhöhten physiologischen Alarmbereitschaft (Kampf- und Fluchthormone) verbunden, dadurch wird die die Denk- und Analysefähigkeit erheblich eingeschränkt. Jemand ist »außer sich, ... nicht bei der Sache, ... auf hundertachtzig«, heißt es dann in der Alltagssprache; seine älteren Gehirnteile haben die Vorherrschaft über sein Denkhirn übernommen. Stellen wir uns den emotionalen und den analytischen Bereich einer Person als die verschiebbaren Sektoren einer Scheibe vor, so wird der analytische Bereich umso kleiner, je größer der emotionale Sektor wird.

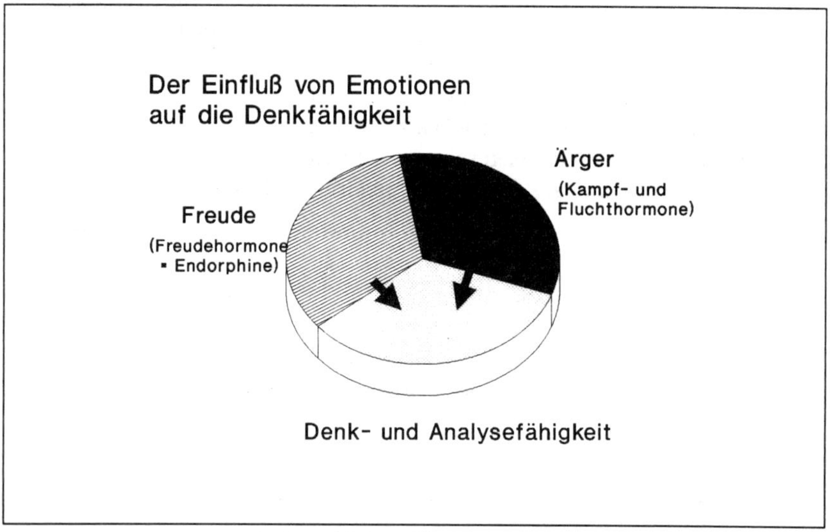


Abb. 2.4

Es liegt nun mit in der Hand des geschickten Kundenberaters, den Bereich der negativen Emotionen beim Kunden zu verkleinern, damit er wieder zur Sachebene zurückfinden kann. Wenn Sie als Berater gleich auf der Sachebene diskutieren, ohne auf die Emotionen des Partners Rücksicht zu nehmen, riskieren Sie, daß sich beim Kunden mit der Zeit schlechte Gefühle aufbauen. Produziert der Kunde aber negative Emotionen, verschließt er sich den sachlichen Argumenten. Ganz besonders empfindlich reagiert der Kunde auf die Mißachtung seines Selbstwertgefühls. Fühlt sich der Kunde dagegen verstanden und in seinen Gefühlen akzeptiert, verkleinert sich der Bereich der negativen Emotionen, und er wird für rationale Argumente wieder zugänglich.

Das Ziel eines konfliktlösenden Gesprächsverhaltens ist es, einen emotionalen und rationalen Konsens herbeizuführen. Die Grundvoraussetzung dafür ist, daß Sie als Berater die Emotionen des Kunden zulassen und akzeptieren, daß Sie ihm zuhören und Verständnis entgegenbringen.

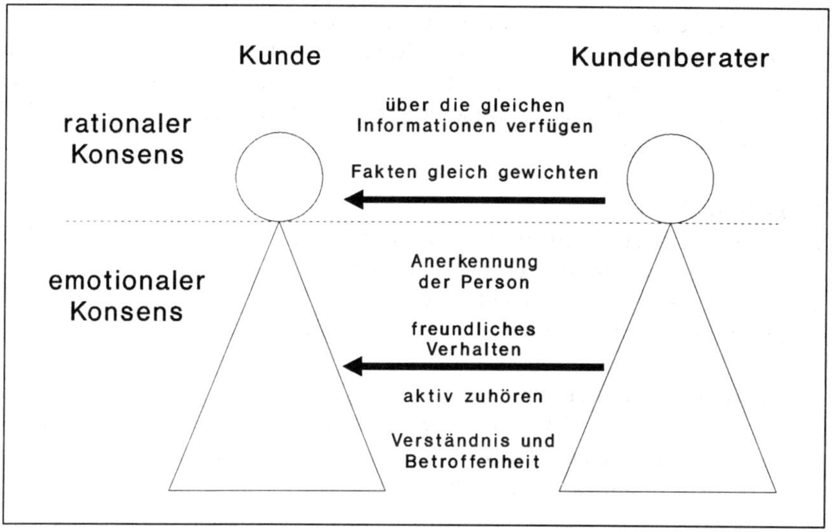


Abb. 2.5

# 3. Die fünf Schritte der konfliktfreien Beschwerdebehandlung

Die Ursachen für die falsche Behandlung eines Kunden liegen oft in mangelnder Geduld, fehlender Zeit, manchmal einfach in schlechter Laune und darin, daß man sich zu wenig in die Lage seines Gesprächspartners hineinversetzt. Darunter leidet aber die Beziehungsebene, es kommt zu Mißverständnissen, Irritationen, zu offenen oder versteckten Angriffen und schließlich ist auch keine Einigung in der Sache mehr möglich. Doch wie verhält man sich richtig? Jede Beschwerde wird zu einem lösbaren Problem, wenn Sie in den folgenden Schritten vorgehen:

**1. Aktiv zuhören**
Die Bereitschaft des Kunden, an einer Sachlösung des Problems aktiv mitzuarbeiten, setzt voraus, daß er sich emotional angenommen fühlt. Dies erreichen Sie, indem Sie dem Kunden aufmerksam zuhören, ohne ihn zu unterbrechen und indem Sie seine Gefühle ernst nehmen.

**2. Das Problem analysieren**
Hat der Kunde seinen Gefühlen erst einmal Luft gemacht, ist er bereit und in der Lage, auf das eigentliche Sachproblem einzugehen. Stellen Sie dem Kunden jetzt Fragen, um das Problem zu analysieren.

**3. Anbieten einer Lösung**
Nachdem Sie durch geschicktes Fragen zu einem gemeinsamen Problemverständnis gekommen sind, bieten Sie dem Kunden eine Lösung an.

**4. Auf Fragen und Einwände des Kunden positiv eingehen**
Wie die Erfahrung zeigt, wird der Kunde eigene Wünsche und Vorstellungen in die Problemlösung einbringen wollen, die sich nicht immer mit den Zielen Ihres Unternehmens decken. Gehen Sie trotzdem auf die Einwände des Kunden positiv ein und bieten Sie ihm gegebenenfalls eine Alternative an.

**5. Das Problem bewältigen**
Der letzte Schritt in der Beschwerdebehandlung beinhaltet alle Maßnahmen, die zur Lösung des Problems notwendig sind.

**Die fünf Schritte der Beschwerdebehandlung**

1. **Aktiv zuhören**
2. **Das Problem analysieren**
3. **Anbieten einer Lösung**
4. **Auf Fragen und Einwände des Kunden positiv eingehen**
5. **Das Problem bewältigen**

## 3.1 Aktiv zuhören

Hat der Kunde eine Beschwerde, so heißt das, daß er eine emotionale Last mit sich herumträgt, die er gerne loswerden möchte. Wenn Sie die Bereitschaft zeigen, ihm diese Last abzunehmen, schaffen Sie die Voraussetzungen dafür, um auch in den Sachfragen mit dem Kunden auf einen Nenner zu kommen. Hören Sie dem Kunden also zu.

Es gibt zwei Arten des Zuhörens: Die eine ist passiv, d.h. man hört hin und schweigt, ist aber innerlich nicht wirklich beteiligt. Die andere ist aktiv, sie dient dem Bemühen, sich in die Gefühls- und Gedankenwelt des Gesprächspartners hineinzuversetzen, mit dem Ziel, sein Anliegen auch wirklich zu verstehen, emotional und rational. Diese Haltung teilt dem anderen mit, daß es im Moment nichts Wichtigeres gibt als ihn.

Durch das Anwenden des aktiven Zuhörens bringen Sie den Partner dazu, daß er sich emotional öffnet und seine Emotionen verbalisiert. Es ist sehr wichtig und oft sogar entscheidend für den Verlauf eines Reklamationsgesprächs, daß der Kunde Gelegenheit bekommt, seinen aufgestauten Gefühlen Luft zu machen. Hat der Kunde das Gefühl verstanden zu werden, trägt dies zu einem emotionalen Klima bei, das sich natürlich auch positiv auf die Sachebene auswirkt. Ein weiterer unschätzbarer Vorteil dieser Methode ist, daß Sie zusätzliche Informationen erhalten, die Sie sonst nicht bekommen würden.

*Wie funktioniert das aktive Zuhören?*

## Schritt 1: Rapport zum Kunden herstellen

Der erste Schritt bei der Entgegennahme einer Beschwerde besteht darin, den Kunden ausreden zu lassen und ihn nicht zu unterbrechen. Bedenken Sie auch, daß der Kunde zunächst vielleicht zu aufgeregt ist, um das Problem genau zu schildern. Beim Rapport geht es darum, daß Sie den Kunden in seinen verbalen und nonverbalen Äußerungen genau beobachten, mit dem Ziel, sein Anliegen und seine Bedürfnisse so gut als möglich zu erfassen.

*Welche Bedürfnisse hat ein Kunde, der reklamiert?*
- er möchte ernst genommen und respektiert werden;
- er braucht Ihre Hilfe und Unterstützung bei der Lösung eines Problems;
- er möchte sich verstanden fühlen;
- er möchte, daß die Angelegenheit schnell und unbürokratisch behandelt wird.

*Geben Sie dem Kunden daher zu verstehen,*
... daß sein Anliegen für Sie höchste Priorität hat;
... daß Sie alles tun werden, um das Problem zu lösen;
... daß Sie seine Emotionen akzeptieren.

In einem Reklamationsgespräch geht es auch darum, wie es so schön heißt, den Kunden »dort abzuholen, wo er sich gerade befindet«. Wer genau beobachtet, wird feststellen, daß sich Personen in ihrem sprachlichen und nichtsprachlichen Ausdrucksverhalten stets auf eine bestimmte innere Vorstellungswelt beziehen. Diese inneren Repräsentationen sind entweder überwiegend von Bildern geprägt (visuell), von Sprache (auditiv) oder von vorgestellten Handlungen (kinästhetisch). Die Art und Weise, wie Menschen die äußere Welt repräsentieren ist zum Teil angeboren, sie hat aber auch etwas mit der Tätigkeit und der Ausbildung des Betreffenden zu tun. Künstler, Architekten, Grafiker sind meist visuelle Typen, Manager und Verkäufer sind überwiegend auditiv, Handwerker kinästhetisch. Das bedeutet nicht, daß diese Personen ausschließlich auf einem dieser Sinneskanäle wahrnehmen, sondern nur, daß sie es relativ mehr als auf allen anderen tun.

Das Repräsentationssystem einer Person läßt sich sowohl an ihrer sprachlichen als auch mimisch-gestischen Ausdrucksweise erkennen. So gebrauchen visuell orientierte Personen häufig Verben aus dem visuellen Bereich, Auditive und Kinästhetiker wählen Verben, die ihrem Repräsentationssytem entsprechen. Hierzu einige Beispiele:

*Visueller Typ:*
- »Da *sehe* ich keine Möglichkeit...«
- »*Schauen* Sie, ...«
- »Wenn Sie sich das *ansehen*, werden Sie mir zustimmen...«

*Auditiver Typ:*
- »*Hören* Sie...«
- »Dann *sage* ich mir...«
- »Da lasse ich nicht mit mir *reden*...«
- »Haben Sie sich schon einmal *gefragt*...?«

*Kinästhetischer Typ:*
- »Was können Sie da *machen*?«
- »Damit kann ich nichts *anfangen*!«
- »Das müssen Sie mir erst einmal *vormachen*!«

Das vorherrschende Repräsentationssystem eines Menschen kann man sogar anhand seiner Augenbewegungen erkennen (Abb. 3.1). So neigt der visuelle Typ dazu, seine Augen von sich aus gesehen nach oben links zu bewegen, wenn er eine bildhafte Vorstellung entwickelt und nach oben rechts, wenn er sich an ein Bild erinnert. Der auditive Typ ist daran erkennbar, daß er seinen Blick nach seitwärts rechts richtet, wenn Worte und Sätze konstruiert, und seitwärts links, wenn er sich an Worte oder Geräusche erinnert. Die Augen des Kinästhetikers sind beim Erinnern nach unten links gerichtet, und nach unten rechts, wenn er in seiner Vorstellung eine Handlung ausführt.

Versuchen Sie einmal bei Ihrer nächsten Unterhaltung im Freundes- oder Bekanntenkreis darauf zu achten. Sie werden feststellen, es trifft tatsächlich zu. Welche praktische Bedeutung hat nun die Kenntnis der verschiedenen Repräsentationstypen für den Umgang mit reklamierenden Kunden? Gehen Sie auf das Repräsentationssystem des Kunden verbal und nonverbal ein. Unterstützen Sie den Kunden in seinen Aussagen, indem Sie Verben aus seinem Repräsentationssystem benutzen. Hierzu wiederum einige Beispiele, was Sie zu einem Kunden, dessen Repräsentationssystem Sie erkannt haben, sagen können:

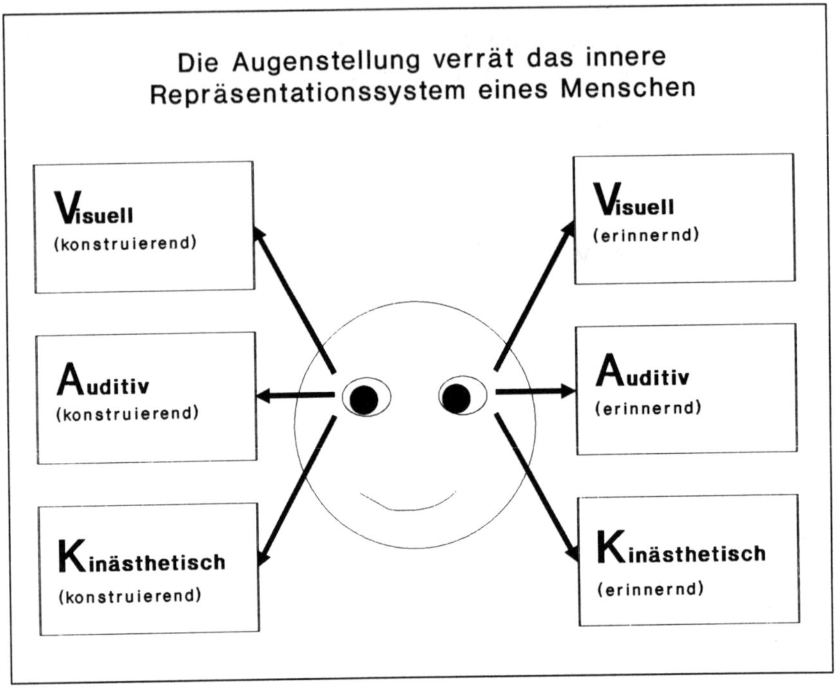


Abb. 3.1

*Zum visuellen Typ:*

- »Muß man sich das so *vorstellen*, daß sich der Zeiger nur dann bewegt hat, wenn der Hebel nicht ganz nach unten gedrückt war?«
- »Bitte *beschreiben* Sie mir einmal, wie sich der Schaden zuerst bemerkbar gemacht hat?«

*Zum auditiven Typ:*

- »Würden Sie *sagen*, der Zeiger hat sich nur dann bewegt, als der Hebel nicht ganz nach unten gedrückt war?«
- »Wie hat sich das *angehört*?«

*Zum kinästhetischen Typ:*

- »Dann *haben* Sie den Hebel nach unten *gedrückt* und *festgestellt*, daß sich der Zeiger nicht bewegt.«
- »Wie war es, als Sie den Hebel nur halb nach unten *gedrückt haben*?«

Geben Sie dem Kinästhetiker die Gelegenheit, daß er Ihnen den reklamierten Schaden (z.B. eine defekte Maschine) an Ort und Stelle demonstriert. Geben Sie dem visuellen Typ Papier und Bleistift zur Hand, um sein Problem zu visualisieren. Hören Sie dem auditiven Typ aufmerksam zu und geben Sie ihm detaillierte Auskunft. Wenn es Ihnen gelingt, auf die Vorstellungsebene des Kunden einzugehen, dann beginnen Sie eine gemeinsame Sprache zu sprechen, die zu einem emotionalen Konsens beiträgt.

*Zeigen Sie Aufmerksamkeit*
Wenn Sie selbst nicht reden, signalisieren Sie dem Kunden Ihre ungeteilte Aufmerksamkeit. Signale der Aufmerksamkeit können verbal oder nonverbal gegeben werden.

Beispiele für verbale Signale:
- »Ja...«
- »Hm...«
- »Ich verstehe...«

Beispiele für nonverbale Signale:
- Intensiver Blickkontakt.
- Leichtes Nicken mit dem Kopf.
- Kopf und Oberkörper nach vorne geneigt.

Beim aktiven Zuhören gilt die Regel, daß der Zuhörende weitgehend inaktiv bleibt, während der Gesprächspartner redet. Die Aufmerksamkeitssignale, vor allem die verbalen, sollten deshalb nur angedeutet werden. Der Berater darf verbal nicht zu sehr »mitgehen«. Wichtig ist, daß der Berater, immer dann, wenn der Kunde zu reden aufhört, eine kurze Pause (etwa drei Sekunden) macht.

## Schritt 2: Die Gefühle des Gesprächspartners widerspiegeln

Der nächste Schritt besteht darin, die Gefühle des Kunden widerzuspiegeln. Dies geschieht in Form eines Statements; es drückt in wenigen Worten das Gefühl des Kunden aus. Angenommen, der erregte Kunde sagt: »Wegen Eures Pfuschs mußte ich ein ganzes Wochenende opfern!«, dann könnte das Statement lauten: »Sie sind verärgert wegen der Reparatur.« Ein anderes Beispiel: Der Kunde sagt: »Diese Rechnung, die Sie mir geschickt haben, ist absolut überhöht.« Das richtige Statement wäre darauf: »Sie fühlen sich durch die Höhe der Rechnung übervorteilt.«

Wichtig ist: das Statement ist ein Spiegeln der emotionalen Reaktionen des Gesprächspartners, es enthält keinerlei Wertung oder Projektion eigener Gefühle (»Ich glaube, Sie sind verägert«). Das Statement orientiert sich immer an dem, was der Gesprächspartner sagt und sollte nie als Frage formuliert sein.

Weitere Beispiele für die Gefühlslage eines reklamierenden Kunden:
- er steht unter Druck und Zeitnot;
- er fühlt sich übervorteilt und unfair behandelt;
- er ist verletzt, verärgert, betroffen;
- er fühlt sich übergangen usw.

**Die Gefühle des Kunden widerspiegeln**

| **falsch:** | **richtig:** |
|---|---|
| - »Sind Sie deshalb verärgert?« | - »Sie sind wegen der späten Lieferung verärgert.« |
| - »Fühlen Sie sich übergangen?« | - »Sie fühlen sich daher übergangen.« |
| - »Platzt Ihnen jetzt der Kragen?« | - »Dann ist Ihnen der Kragen geplatzt.« |

Es ist wichtig, daß Sie das Gefühl, das der Kunde zum Ausdruck bringt, beim Namen nennen. Damit ist jedoch auch eine gewisse Gefahr verbunden. Denn durch das Widerspiegeln wird beim Kunden ein *bewußtes* Erleben hervorgerufen und verstärkt. Es kann jedoch nicht der alleinige Sinn der Beschwerdebehandlung sein, die negativen Emotionen des Kunden bewußt zu machen. Der Kunde erwartet für seinen Ärger vor allem Ihre Anteilnahme in Form einer Entschuldigung und einen positiven Ausblick, wie sein Problem gelöst werden kann. Äußern Sie an dieser Stelle daher kurz Ihr Bedauern:
- »Das tut mir leid.«
- »Das kann ich gut verstehen.«
- »Das kann ich Ihnen gut nachfühlen.«

Konzentrieren Sie sich als nächstes auf positive Erlebnisse, die der Kunde haben möchte:
- »Sie möchten so schnell wie möglich Ihre Ware geliefert bekommen.«
- »Sie möchten natürlich ein fehlerfreies Produkt, das kann ich gut verstehen.«
- »Dann machen wir jetzt folgendes...«

## Schritt 3: Den Inhalt des Gesagten zusammenfassen

Der letzte Schritt beim aktiven Zuhören besteht darin, in eigenen Worten den wesentlichen Inhalt des Gesagten zusammenzufassen. Das Zusammenfassen hat mehrere Vorteile:
- Der Kunde fühlt, daß Sie ihm aufmerksam zugehört haben; dies trägt zu einem emotionalen Konsens bei.
- Sie können feststellen, ob Sie den Kunden auch richtig verstanden haben.
- Durch das Zusammenfassen geben Sie dem Kunden die Gelegenheit, seine Darstellung zu bestätigen oder zu korrigieren und vermeiden dadurch Mißverständnisse.

## Was man beim aktiven Zuhören besser unterlassen sollte

*Zu sehr von der eigenen Betroffenheit oder anderen Gefühlen erzählen*
- »Das ist mir kürzlich auch passiert.«
- »Dazu kann ich Ihnen auch was erzählen.«

*Sofort Sachfragen zu stellen*
- »Wie ist das passiert?«
- »Wo war denn das?«

*Werten und qualifizieren*
- »So ein Mist!«
- »Das ist unverzeihlich!«

*Kritisieren, moralisieren und verallgemeinern*
- »Da haben Sie einen Fehler gemacht.«
- »Das gehört nicht hierher.«

*Ratschläge erteilen, belehren, warnen*
- »Da machen Sie am besten gleich folgendes.«
- »Da weiß ich einen guten Rat.«

*Hinweis: Machen Sie sich Notizen*

Machen Sie sich sofort Notizen, wenn Sie mit einem reklamierenden Kunden sprechen, ob unter vier Augen oder am Telefon. Sagen Sie dem Kunden, daß Sie sich Notizen machen. Was sind die Vorteile von Notizen?

- Sie geben dem Kunden damit das Gefühl, daß sein Anliegen ernst genommen wird und höchste Priorität hat.
- Wenn Sie mitschreiben, gehen keine Details verloren, die für die Bearbeitung der Reklamation wichtig sind.
- Sie können sich vergewissern, daß Sie alles richtig verstanden und keine wichtige Einzelheit übersehen haben.
- Wenn Sie anhand Ihrer Notizen die wichtigsten Punkte noch einmal zusammenfassen, bekommt der Kunde Gelegenheit, seine Beschwerde zu berichtigen. Sie können somit peinlichen Mißverständnissen vorbeugen. Der Kunde kann hinterher nichts Gegenteiliges behaupten.
- Ihre Gesprächsnotizen sind eine wichtige Unterlage für die interne Behandlung der Reklamation.

**Beispiel für aktives Zuhören:**

| | |
|---|---|
| Kunde: | Immer, wenn ich meinen Personalcomputer einschalte, bekomme ich die Fehlermeldung »Festplattenbereich nicht gefunden«. Dabei ist meine Festplatte nicht unterteilt. |
| Berater: | Ich verstehe, das verwirrt Sie. |
| Kunde: | Ja, und wenn ich dann einen Warmstart mache, taucht die Fehlermeldung nicht mehr auf. Und jetzt fällt mir ein, daß ich vor längerer Zeit meine Festplatte neu formatiert habe. |
| Berater: | Hm (Pause). Sie haben also Ihre Festplatte vor einiger Zeit neu formatiert und bekommen seitdem beim Neustart Ihres Computers die Meldung »Festplattenbereich nicht gefunden«. |
| Kunde: | Genau so ist es. |

## Übung 3.1: Können Sie zuhören?

Herr Müller betreibt einen Kopierladen in einer kleinen Universitätstadt. Er ruft bei Ihnen an und sagt mit aufgeregter Stimme, daß ein vielbenutztes Kopiergerät, das gerade von Ihrer Firma repariert wurde, wieder dieselbe Störung zeigt. Und das gerade an Hauptgeschäftszeiten zu Semesterbeginn. Er verlangt, daß sofort ein Techniker kommt, um den Schaden zu beheben.

Spiegeln Sie die Gefühle des Kunden wider:

Drücken Sie Ihr Bedauern aus:

Wiederholen Sie die Beschwerde:

## 3.2 Das Problem analysieren

### Fragen Sie sich zum Problem

Beim Erstkontakt mit einem sich beschwerenden Kunden ist es nicht nur wichtig, sich situationsgerecht zu verhalten und auf die Emotionen des Kunden einzugehen, es müssen auch alle relevanten Informationen über den Beschwerdefall vollständig, schnell und strukturiert erfaßt werden. Hierfür eignen sich vier Fragearten ganz besonders: offene Fragen, geschlossene Fragen, Alternativfragen und, wenn es angebracht ist, Suggestivfragen.

**Offene Fragen** sind alle W-Fragen (wo, wie, wann, warum, wieviel usw.), sie können weder mit einem knappen »Ja« noch mit »Nein« beantwortet werden und bringen den Kunden erst einmal zum Reden. Dadurch bekommen Sie viele Informationen.

- »Was funktioniert nicht?«
- »Wann haben Sie den Schaden bemerkt?«

**Geschlossene Fragen** werden hingegen mit »Ja« oder »Nein« beantwortet und beginnen mit einem Verb (»Können, haben, möchten Sie ...?«; oder die berühmte Frage am Einkaufstand: »Darf es etwas mehr sein?«).

- »Könnte es sein, daß Sie das Gerät nicht richtig angeschlossen haben?«
- »Haben Sie einmal nachgesehen, ob Sie das richtige Kabel verwendet haben?«

**Alternativfragen** enthalten immer das Wörtchen »oder«; es gilt aus zwei Alternativen auszuwählen, z.B.: »Soll der Käse am Stück oder geschnitten sein?«

- »Haben Sie die Zentrale oder eine unserer Niederlassungen mit der Überweisung der Zahlung beauftragt?«
- »Ist Ihnen das Gepäckstück am Urlaubsort oder während der Heimreise abhanden gekommen?«

**Suggestivfragen** bezwecken die Zustimmung des Gesprächspartners, der sie nach Möglichkeit mit einem »Ja« beantwortet soll (»Sind Sie nicht auch der Meinung, daß...?«). Die Suggestivfrage hat eindeutig manipulativen Charakter und sollte daher mit Vorsicht verwendet werden bzw. erst dann, wenn auch mit Zustimmung zu rechnen ist. Ist das der Fall, kann sie sogar zu einem emotionalen Konsens beitragen.

- »Sie hatten also kein Problem mehr mit dem Empfang, nachdem unser Techniker bei Ihnen war?«
- »Sie sind also auch der Ansicht, daß man sich auf diese Weise einigen könnte?«

### Fragearten zur Problemanalyse

| | |
|---|---|
| **Offene Frage:** | »Wie haben Sie den Defekt festgestellt?« |
| **Geschlossene Frage:** | »Haben Sie das Gerät selbst angeschlossen?« |
| **Alternativfrage:** | »War die Kontrolleuchte an oder aus?« |
| **Suggestivfrage:** | »Sie sind mit dem Gerät also trotzdem zufrieden?« |

Die Reihenfolge, in der diese Fragearten zur Anwendung kommen, hat auch so etwas wie eine Trichter- bzw. Siebfunktion. Durch offene Fragen erhalten Sie eine Fülle von Informationen über die Hintergründe der Reklamation bzw. Beschwerde. Nun geht es darum, durch geschlossene Fragen und Alternativfragen das Problem einzugrenzen. Die Suggestivfrage, die wie gesagt mit Vorsicht zu gebrauchen ist, sollte ganz am Schluß stehen, also dann, wenn man in der Beurteilung des Problems weitgehend übereinstimmt.

## Stellen Sie Behauptungen in der Frageform auf

Häufig ist man in der Rolle des Reklamationsbearbeiters geneigt, anstatt zu fragen, Behauptungen darüber aufzustellen, warum etwas nicht funktioniert hat, wo der Kunde angeblich etwas übersehen oder einen Fehler gemacht hat und dergleichen mehr. Dadurch fühlt sich der Kunde ertappt, er weicht aus oder er widerspricht. Außerdem sind Behauptungen schwer zu beweisen und bringen denjenigen, der sie aufstellt, schnell in Beweisnot. Formulieren Sie daher Ihre Behauptungen, die ja zunächst nur Vermutungen sind, in der Frageform.

**Besser fragen anstatt zu behaupten**

| falsch: | richtig: |
|---|---|
| - »Sie haben bestimmt vergessen, Öl nachzufüllen.« | - »Ist es möglich, daß Sie kein Öl nachgefüllt haben?« |
| - »Sie haben die Ware nicht kühl genug gelagert.« | - »Bei welcher Temperatur haben Sie die Ware gelagert?« |
| - »Da hätten Sie uns früher informieren müssen.« | - »Haben Sie jemand in unserer Firma darüber informiert?« |
| - »Genau das passiert, wenn man das Gerät einer fremden Strahlung ausgesetzt.« | - »War das Gerät einer fremden Strahlungsquelle aussetzt?« |
| - »Sie müssen eben warten, bis die Farbe trocken ist.« | - »Wann haben Sie nach dem Auftragen der Farbe mit dem Lackieren begonnen?« |

## Packen Sie den »Beschwerdekoffer« des Kunden aus

Bei einem Konflikt gibt es selten nur eine Ursache. Dasselbe gilt auch für eine Kundenbeschwerde. Dem Anfänger auf dem Gebiet der Beschwerdebehandlung, der nicht weiterfragt, werden wohl die Hintergründe einer Reklamation verborgen bleiben. Ein Profi in der Kundenbetreuung wird hingegen den »Beschwerdekoffer« des Kunden »auspacken«, das heißt, er versucht sämtliche Ursachen für dessen Unzufriedenheit herauszufinden, denn hinter jedem Beschwerdeanlaß gibt es immer noch andere übergangene Bedürfnisse und Interessen, zu denen man eine Problemlösung anbieten kann. Beispiele für solche Unannehmlichkeiten, die mit einer Beschwerde verbunden sind:

- Der Kunde gerät in Produktionsverzug;
- er kann Verträge nicht mehr einhalten;
- er muß ein Mehr an Zeit, Arbeit und Geld investieren, um den ihm entstandenen Schaden zu begrenzen;

- er muß deswegen seinen Urlaub verschieben;
- er ist schon einmal von einem Mitarbeiter Ihrer Firma unfreundlich behandelt worden.

Fassen Sie zum Schluß noch einmal alle wichtigen Punkte anhand Ihrer Gesprächsnotizen zusammen.

## 3.3 Anbieten einer Lösung

Wenn Sie das Problem erkannt haben, erklären Sie dem Kunden genau, worin die Ursachen liegen. Gehen Sie dabei aber nicht belehrend oder »besserwisserisch« vor. Sprechen Sie in der Sprache des Kunden. Stellen Sie das Problem in der Kundenperspektive dar. Nachdem der Kunde »ausgepackt« hat, können Sie ihm zu den einzelnen Punkten Problemlösungen anbieten, z.B.:
- daß Sie den Vertragspartner des Kunden direkt beliefern;
- daß Sie sich persönlich darum kümmern, falls der Kunde noch einmal von einem Mitarbeiter Ihrer Firma unfreundlich behandelt wird.

Beziehen Sie den Kunden in die Problemlösung mit ein, lassen Sie ihn seinen »Lösungskoffer« auspacken. Fragen Sie:
- »Was können wir Ihrer Meinung nach sonst noch tun, um das Problem zu lösen?«
- »Wie können wir Ihnen Ihnen am besten helfen?«

Erklären Sie dem Kunden, was Sie konkret als nächstes tun werden, um das Problem zu lösen, z.B. so:
- »Also, wir schicken das Gerät heute noch zum Hersteller zurück.«
- »Die Reparatur ist für Sie natürlich kostenlos, da Sie ja noch Anspruch auf Garantieleistung haben.«
- »Es dauert erfahrungsgemäß zehn bis vierzehn Tage, bis wir das Gerät wieder zurückerhalten.«
- »Sie bekommen von uns sofort telefonisch Bescheid.«

Vergewissern Sie sich, ob der Kunde mit Ihrem Lösungsvorschlag einverstanden ist:
- »Sind Sie mit dieser Lösung einverstanden?«
- »Haben Sie noch eine Frage?«

## Übung 3.2: Seien Sie kreativ

Welche Lösung können Sie einem Fluggast anbieten, dessen Gepäck mit der falschen Maschine befördert wurde?

Welche Lösung können Sie einem Bankkunden anbieten, der wegen einer Falschbuchung in Schwierigkeiten geraten ist?

Welche Entschädigung kommt für einen Hotelgast in Frage, der sich über den Lärm beschwert, der durch den Umbau eines Hoteltraktes verursacht wird?

## 3.4 Auf Einwände des Kunden positiv eingehen

Bei jeder Konfliktlösung geht es um den Ausgleich gegensätzlicher Interessen. Das ist bei einer Reklamation nicht anders. Auch wenn Ihre Lösungsvorschläge noch so vernünftig sind, ist mit Einwänden und Widerständen des Kunden zu rechnen. »Würgen« Sie den Einwand des Kunden deshalb nicht einfach »ab«, sondern nehmen Sie ihn auf und zeigen Sie auch äußerlich Ruhe. Bedenken Sie, daß ein Einwand immer auch ein Zeichen dafür ist, daß der Kunde die Sache nicht vollkommen ablehnt. Sich gegen Einwände zu verschließen, kann Ihre wertvolle Vorarbeit wieder zunichte machen. Zeigen Sie Verständnis. Geben Sie dem Kunden recht, wenn der Einwand für Sie keine unerfüllbare Forderung darstellt. Formulieren Sie Ihre Antwort auch dann positiv, wenn der Kunde auf seinen einseitigen Forderungen beharrt. Geben Sie ihm gleichzeitig zu verstehen, daß sein Einwand auch eine andere Betrachtungsweise zuläßt und er möglicherweise sogar einen Vorteil übersieht.

Es gibt eine Reihe von Möglichkeiten auf einen Einwand zu reagieren. Hier die wichtigsten Techniken der Einwandbehandlung sowie deren Vor- und Nachteile:

**Die »Nein-weil-Methode«:** Der Ablehnung folgt die Begründung. Diese Formel bleibt im Negativen haften und fordert den Widerspruch des Kunden geradezu heraus. Sie ist daher *nicht* zu empfehlen.
- »Nein, das geht nicht, daß ich Ihnen dieses Kleid umtausche, weil Sie es schon getragen haben.«
- »Für den Schaden können wir nicht aufkommen, da Ihre Garantieansprüche nicht mehr gültig sind.«

**Die »Ja-aber-Methode«:** Hier folgt der Bejahung die Ablehnung. Diese Formel bleibt zwar im ersten Teil positiv, betont aber danach den Gegensatz, den es zu überbrücken gilt. Auch diese Form sollte möglichst vermieden werden.
- »Das ist richtig, was Sie sagen, aber wir können Ihnen so schnell keinen Ersatz liefern.«
- »Ihr Einwand ist verständlich, aber uns sind da die Hände gebunden.«

**Die »Ja-aber-Vorteil-Methode«:** Der grundsätzlichen Bejahung folgt ein Gegenvorschlag, z.B. durch eine Motivierungsfrage, in dem der Kundennutzen aufgezeigt wird.

- »Das kann ich gut verstehen, aber unsere Vertragsbedingungen lassen das leider nicht zu. Was halten Sie davon, sich einmal in unserem Sortiment umzusehen?«
- »Ich verstehe, daß Sie einen Umtausch vorziehen würden. Nur, bedenken Sie, daß Sie durch eine Reparatur wieder im Besitz eines vollwertigen Produktes sind.«

Diese Form der Einwandsbegegnung bleibt im ganzen positiv. Durch die Motivierungsfrage bzw. durch das Aufzeigen des Kundennutzens lenken Sie die Aufmerksamkeit des Kunden auf Ihren Vorschlag, ohne ihn vor den Kopf zu stoßen. Er kann vergleichen und zu einer Entscheidung kommen.

**Die »Rückfrage-Methode«:** Diese Technik wird angewendet, um Zeit zu gewinnen oder um den Kunden dazu zu bringen, seinen Einwand zu versachlichen.
- »Wie meinen Sie das im Detail?«
- »Können Sie das etwas näher erläutern?«

**Die »Vorwegnahme-Methode«:** Der erwartete Einwand des Kunden wird vorweggenommen und durch den Hinweis auf den Kundennutzen beantwortet.
- »Wenn Sie lieber zu einem späteren Zeitpunkt zahlen möchten, kann ich Ihnen ein interessantes Angebot machen.«
- »Wenn Ihnen das zu teuer sein sollte, haben wir noch eine andere Möglichkeit.«

Vorsicht! Verwenden Sie diese Methode nur, wenn Sie sicher sind, daß der Kunde diesen Einwand auch tatsächlich vorbringen würde.

**Die »Rückstell-Methode«:** Hier wird der Einwand des Kunden nicht sofort, sondern später beantwortet. Die Antort kann auch schriftlich gegeben werden.
- »Erlauben Sie, daß ich mir Ihre Frage notiere. Ich werde später darauf eingehen.«
- »Wir werden Ihren Vorschlag prüfen.«

Diese Technik eignet sich für schwierige Verhandlungssituationen oder wenn der Einwand einer genaueren Überprüfung bedarf.

**Die »Öffnungs-Methode«:** Sie stellt den letzten Versuch dar, einen besonders hartnäckigen Kunden, der sich sachlichen Argumenten verschließt, dennoch für eine vernünftige Problemlösung zu öffnen.
- »Was können wir Ihrer Meinung nach tun, um Ihnen zu helfen?«

- »Unter welchen Bedingungen wären Sie bereit, meinem Regulierungsangebot stattzugeben?«

Ein Einwand setzt sich immer zusammen aus einem emotionalen, gefühlsmäßigen Teil und aus einem rationalen, sachlichen Teil. Auf den Einwand zunächst positiv eingehen, heißt die emotionale Seite anerkennen. Um die rationale Seite zu bearbeiten, sollten Sie
- den Einwand genau prüfen.
- Das Problem, das dahinter steckt ergründen.
- eine sachlich begündete Alternative anbieten.

## 3.5 Das Problem bewältigen

Der letzte Schritt in der Behandlung einer Beschwerde besteht darin, alle notwendigen Maßnahmen zu treffen, um das Problem zu lösen. Steht zum Zeitpunkt der Beschwerdeannahme fest, welche Problemlösung bzw. Wiedergutmachung für den Kunden in Frage kommt, kann das Problem unmittelbar gelöst werden. Bei Problemen, die eine längere Bearbeitung nach sich ziehen, muß der Kunde über alle Schritte informiert werden. Folgende Punkte sollten Sie daher beachten:

- Fassen Sie noch einmal die wichtigsten Gesprächsergebnisse anhand Ihrer Notizen zusammen.
- Sagen Sie dem Kunden genau, was Sie als nächstes tun werden. Informieren Sie ihn über alle weiteren Schritte.
- Fixieren Sie Termine.
- Teilen Sie dem Kunden mit, wie lange er auf die Lösung des Problems warten muß.
- Sagen Sie dem Kunden, daß er Sie jederzeit anrufen kann, um sich über den Fortgang der Angelegenheit zu informieren.
- Informieren Sie den Kunden sofort, falls es zu Verzögerungen kommt.

Wichtig ist: Alle Zusagen, die Sie dem Kunden machen, müssen hundertprozentig eingehalten werden.

## Übung 3.3: Einwände des Kunden positiv behandeln

Überprüfen Sie Ihr neu erworbenes Wissen über die Einwandbehandlung anhand des folgenden Tests und vergleichen Sie Ihre Antworten mit dem oben stehenden Text.

| Methode | Vorteile | Nachteile |
| --- | --- | --- |
| »Nein-weil-Methode« | ____________<br>____________<br>____________ | ____________<br>____________<br>____________ |
| »Ja-aber-Methode« | ____________<br>____________<br>____________ | ____________<br>____________<br>____________ |
| »Ja-aber-Vorteil-Methode« | ____________<br>____________<br>____________ | ____________<br>____________<br>____________ |
| »Rückfrage-Methode« | ____________<br>____________<br>____________ | ____________<br>____________<br>____________ |
| »Vorwegnahme-Methode« | ____________<br>____________<br>____________ | ____________<br>____________<br>____________ |
| »Rückstell-Methode« | ____________<br>____________<br>____________ | ____________<br>____________<br>____________ |
| »Öffnungs-Methode« | ____________<br>____________<br>____________ | ____________<br>____________<br>____________ |

## Mustergespräch: »Die defekte Kaffeemaschine«

Erinnern Sie sich noch an das Gespräch auf Seite 22 zwischen dem Verkäufer eines Elektrowarengeschäfts und dem Kunden, der wegen seiner defekten Kaffeemaschine reklamiert? Lesen Sie nun, wie der Verkäufer das Gespräch hätte führen können, wenn er nach den *fünf Schritten der Beschwerdebehandlung* vorgegangen wäre:

| | | |
|---|---|---|
| | Kunde: | Also, ich habe vor etwa zwei Monaten diese Kaffeemaschine bei Ihnen gekauft. |
| | Verkäufer: | Ich erinnere mich sehr gut. Ist etwas nicht in Ordnung damit? |
| | Kunde: | Heute morgen wollte ich mir einen Kaffee machen und als ich aus dem Bad kam war der Filter noch trocken und im Wasser hat sich auch nichts getan. |
| **Die Gefühle des Kunden widerspiegeln** | Verkäufer: | Sie haben sich auf den frischen Kaffee gefreut und dann war nichts. So etwas ist ärgerlich. |
| | Kunde: | Das kann man wohl sagen, daß mich das geärgert hat. |
| **Aufmerksamkeit und Verständnis signalisieren** | Verkäufer: | Das kann ich gut verstehen. |
| | Kunde: | Was mache ich jetzt mit der kaputten Maschine? |
| **Die Beschwerde zusammenfassen** | Verkäufer: | Verstehe ich Sie richtig, Sie haben sich vorher vergewissert, daß die Maschine ans Stromnetz angeschlossen und eingeschaltet war, und trotzdem passierte nichts? |
| | Kunde: | So ist es. |
| **Das Problem analysieren** | Verkäufer: | Dann versuchen wir es noch einmal. Ich stecke den Stecker jetzt hier rein und wir werden sehen, was passiert. |

| | | |
|---|---|---|
| | Kunde: | Das tun Sie mal. Ich würde mich nicht wundern, wenn das Ding jetzt wieder läuft. |
| | Verkäufer: | Tja, Sie haben recht. Da tut sich nichts. |
| | Kunde: | Ich sagte Ihnen schon, die Maschine ist kaputt. Und wie soll ich jetzt meinen Kaffee kochen? |
| | Verkäufer: | Eine Frage: Haben Sie vorläufig keine andere Möglichkeit, Ihren Kaffee zu kochen? |
| | Kunde: | Nein, hab' ich nicht. Ich hätte morgens auch gar keine Zeit, meinen Kaffee von Hand zu kochen. Ich möchte einen Umtausch. Hier, meinen Garantieschein habe ich gleich mitgebracht. |
| **Auf Einwände des Kunden positiv eingehen** | Verkäufer: | Es ist richtig, Ihre Garantie auf das Gerät ist noch gültig. Die Vertragsbedingungen sehen jedoch vor, daß ein defektes Gerät zum Hersteller eingesandt wird, der es repariert. Für Sie natürlich kostenlos. Das dauert erfahrungsgemß bis zu vierzehn Tagen, bis wir das Gerät wieder zurückbekommen. |
| | Kunde: | Das dauert mir zu lange. |
| | Verkäufer: | Ich verstehe. |
| | Kunde: | Wie wäre es mit einer Ersatzmaschine. Es stehen hier doch so viele herum. |
| **Anbieten einer Lösung** | Verkäufer: | Das sind alles Neugeräte. Aber lassen Sie mich im Lager nachsehen. Ich glaube, wir haben doch noch ein Ersatzgerät für Sie da. |
| | Kunde: | Na, prima! |

| | | |
|---|---|---|
| | Verkäufer: | Hier ist es. Ich will es nur noch schnell überprüfen. Nicht, daß Sie morgen wieder ohne Kaffee sind. |
| | Kunde: | Das wär' ja ... |
| **Das Problem bewältigen** | Verkäufer: | So, Ihr Ersatzgerät. Das andere schicken wir noch heute ein. Wir rufen Sie an, sobald es wieder bei uns eingetroffen ist. |
| | Kunde: | Ich danke Ihnen. |

*Zusammenfassung*

**1. Hören Sie aktiv zu**

- Hören Sie aufmerksam zu und vermitteln Sie dem Kunden den Eindruck, daß sein Anliegen die größte Beachtung findet.
- Unterbrechen Sie nicht, bis der Kunde den eigentlichen Grund für seine Beschwerde bekannt gegeben hat.
- Spiegeln Sie die Gefühle des Kunden wider.
- Drücken Sie in wenigen Worten Ihr Bedauern über den Vorfall aus.
- Wiederholen Sie die wichtigsten Punkte, die der Kunde angesprochen hat.
- Machen Sie sich Notizen.

**2. Analysieren Sie das Problem**

- Stellen Sie »offene Fragen« (alle W-Fragen: wann, wie, wo, warum?), um dem Problem auf den Grund zu gehen.
- Stellen Sie vertiefende Fragen zu dem Sachverhalt.
- Fragen Sie anstatt Behauptungen aufzustellen.
- Stellen Sie das Problem aus Ihrer Sicht noch einmal dar. Stellen Sie sicher, daß Sie das Problem verstanden haben, bzw. daß der Kunde und Sie zu einem gemeinsamen Problemverständnis gefunden haben.

**3. Bieten Sie dem Kunden eine Lösung an**

- Sagen Sie dem Kunden genau, worin Ihr Lösungsvorschlag besteht, was Sie als nächstes tun werden, was geprüft und wie lange es dauern wird, wann mit einer Lieferung oder einem Ersatz zu rechnen ist.

**4. Gehen Sie auf Fragen und Einwände des Kunden positiv ein**

- Hören Sie wiederum aufmerksam zu und unterbrechen Sie den Kunden nicht, wenn er Einwände gegen Ihre Lösungsvorschläge vorbringt.
- Gehen Sie auf Einwände des Kunden positiv ein.
- Akzeptieren Sie den Wunsch des Kunden oder machen Sie ihm ein Alternativangebot.

**5. Das Problem bewältigen**

- Wiederholen Sie nochmals die wichtigsten Gesprächsergebnisse anhand Ihrer Notizen.
- Sagen Sie dem Kunden eine unverzügliche Bearbeitung der Angelegenheit zu und informieren Sie ihn über alle weiteren Schritte.
- Sagen Sie dem Kunden, wann Sie sich bei ihm wieder melden werden.
- Tun Sie alles, um das Problem zu lösen.

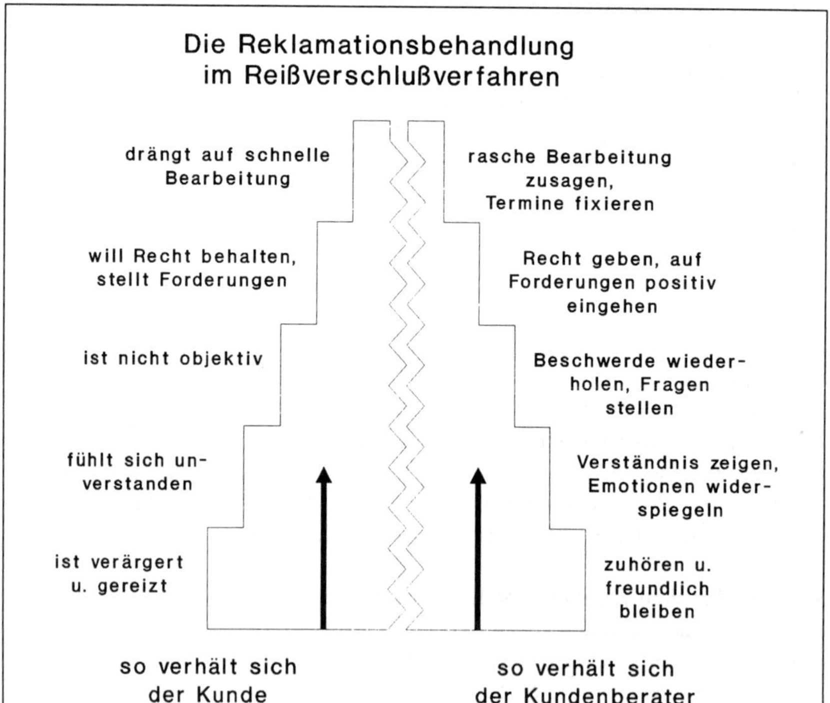


Abb. 3.2

# 4. Mit Kunden konfliktfrei umgehen

## 4.1 Eine positive Einstellung zum Kunden gewinnen

Es ist oft erschreckend festzustellen, welches Bild viele Mitarbeiterinnen und Mitarbeiter in Verkauf und Kundendienst von ihren Kunden haben. Was man aus ihren Gesprächen und Bemerkungen heraushört, ist: Der Kunde soll kaufen und für Umsatz sorgen, dann hat er seine Schuldigkeit getan. Alles andere ist Nebensache. Eine Reklamation gar wird als störend empfunden, als eine lästige Pflicht, manchmal als ein Donnerschlag aus dem ohnehin nicht immer heiteren Himmel des mühseligen Alltagsgeschäfts. Der Kunde merkt so etwas natürlich, auch wenn er es nicht direkt anspricht. Hat er das Gefühl, nicht willkommen zu sein, kann die Reklamation einen für das Unternehmen bösen Verlauf nehmen.

Wie kommen wir überhaupt zu unseren Einstellungen? Die innere Einstellung zu einem Menschen ergibt sich aus unserem bewußten und unbewußten Denken der betreffenden Person gegenüber. Einstellungen sind vergleichbar mit einem modernen programmierbaren Radioempfänger. Um nicht lange im Senderdschungel suchen zu müssen, progammieren wir unsere Lieblingssender ein und haben sie auf Knopfdruck parat. Ähnlich ist es mit den persönlichen Einstellungen, sie schalten sich quasi automatisch ein, damit wir auf das Altvertraute zurückgreifen können und uns mit neuen, ungewohnten Situationen nicht weiter bzw. näher beschäftigen müssen. Die innere Einstellung liefert uns dann unser »Lieblingsprogramm«, und das kann in Bezug auf reklamierende Kunden folgende Botschaften enthalten:

- »Sich beschwerende Kunden wissen meist nicht, worüber sie überhaupt reklamieren.«
- »Reklamierer sind kleinliche Nörgler, die überall ein Haar in der Suppe finden.«
- »Bei einer Reklamation kann man dem Kunden einmal so richtig beweisen, was man fachlich drauf hat.«
- »Bei einer Reklamation gibt es immer einen Gewinner und Verlierer. Und ich war bisher stets der Gewinner.«

Die persönliche Verhaltensweise gegenüber einem Kunden, über den man so denkt, ist dann automatisch von Unfreundlichkeit und Gereiztheit gekennzeichnet. Das, was man über eine Person in den verschiedensten Zusammenhängen immer wieder denkt, redet und empfindet, das prägt sich dem Unterbewußtsein ein. Und das Bild, das wir von uns selbst und von anderen machen, beeinflußt das Verhalten und schafft objektive Fakten, die wir als Teil der Realität anerkennen. Diesen psychologischen Vorgang bezeichnet man als »selbsterfüllende Prophezeiung«. Unser unbewußtes Denken wirkt natürlich auch in umgekehrter Richtung: Positives Denken hat positive Wirkungen.

## Der Kunde: »König« oder Bittsteller?

Welche Einstellung dem Kunden gegenüber ist nun die richtige? Ist der Kunde, wie es in der Werbung so schön heißt, »König«, oder ist er ein lästiger Bittsteller, wenn er ein Problem vorbringt? Er ist weder das eine noch das andere. Einem König hat man unterwürfig und ergeben zu dienen und einen Bittsteller behandelt man von oben herab.

Weitaus hilfreicher, ehrlicher und produktiver als ein an feudalistische Zeiten erinnerndes Oben-unten-Verhältnis ist ein Verhältnis zwischen Partnern. Sie haben die richtige, professionelle Einstellung, wenn Sie den den Kunden als Ratsuchenden und sich selbst als Berater betrachten. Gutes Verkaufen ist immer gutes Beraten. Ihre Aufgabe als Berater ist es, dem Kunden eine optimale Problemlösung anzubieten und ihm zu seiner Zielerreichung zu verhelfen. Denken Sie auch an die besondere Situation, in der sich ein Kunde, der reklamiert, befindet, und denken Sie an die Gründe, weshalb er Sie nicht vor Freundlichkeit überschüttet, wenn er eine Beschwerde vorbringt. Er braucht ganz einfach Ihre Hilfe und Ihren Rat. Wenn Sie sich diese Einstellung zueigen machen, kann eine Reklamation eine geradezu reizvolle Herausforderung sein. Sie schaffen dadurch beim Kunden mehr Vertrauen und Bereitschaft zur sachlichen Mitarbeit, als wenn Sie in Ihm einen in Bedrängnis geratenen König oder einen lästigen Bittsteller sehen.

## Übung 4.1: Wie denken Sie über Ihre Kunden?

Wer mit Kunden und überhaupt mit seinen Mitmenschen gut auskommen will, der muß sein Unterbewußtsein immer wieder mit positiven Gedanken neu programmieren. Denn das Unterbewußtsein bestimmt zum großen Teil unser Verhalten gegenüber unseren Partnern. Beantworten Sie bitte einmal folgende Fragen:

In welchen Zusammenhängen hatten Sie schon einmal festgestellt, daß positive Gedanken auch positive Wirkungen haben?

________________________________________

________________________________________

________________________________________

Schreiben Sie so viele Eigenschaften über einen reklamierenden Kunden, mit dem Sie zuletzt zu tun hatten, auf, wie Ihnen einfallen.

____________________ ____________________

____________________ ____________________

____________________ ____________________

Sind es überwiegend positive oder negative Eigenschaften?

☐ positive ☐ negative

Wie verlief die Reklamation?

________________________________________

________________________________________

Wie verhält sich der Kunde Ihnen heute gegenüber?

________________________________________

________________________________________

## 4.2 So verhalten Sie sich richtig am Telefon

Ein professioneller Umgang mit Kunden bedeutet, am Telefon ebenso freundlich und zuvorkommend zu sein wie im direkten Kontakt. Und denken Sie daran, daß Sie der einzige Vertreter Ihrer Firma sind, wenn Sie mit einem Kunden oder einem Klienten sprechen. Mit anderen Worten: *Sie sind die Firma*! Und das sollten Sie daher beachten:

- Achten Sie auf eine aufrechte und entspannte Sitz- und Körperhaltung und auf Ihre Atmung beim Telefonieren: Bauchatmung, nicht oberflächliche Brustatmung, sorgt für ausreichende Sauerstoffversorgung, innere Ruhe und für optimales Stimmvolumen.
- Achten Sie auf eine deutliche Aussprache, eine angemessene Lautstärke, sinnvolle Betonung und Pausen zwischen den einzelnen Sätzen bzw. Sinnabschnitten.
- Achten Sie auf die richtige Sprechgeschwindigkeit. Sprechen Sie nicht zu schnell und nicht zu langsam.
- Lächeln Sie, wenn Sie mit dem Kunden telefonieren.
- Lassen Sie Ihren Gesprächspartner ausreden und vermeiden Sie es, ihn zu unterbrechen.
- Vermeiden Sie »schlechte Angewohnheiten« beim Telefonieren, (essen, rauchen, trinken) und Sprachmarotten (»ähm«, »also« usw.)
- Verwenden Sie öfter den Namen des Anrufers, ohne zu übertreiben.
- Sorgen Sie dafür, daß alle notwendigen Hilfsmittel beim Telefonieren zur Verfügung stehen: Telefonnotizblock, Terminkalender, wichtige Telefonnummern zum Weitervermitteln usw.
- Lassen Sie den Kunden niemals am Telefon lange warten. Sagen Sie dem Anrufer was Sie vorhaben, wenn Sie das Gespräch für kurze Zeit unterbrechen müssen, zum Beispiel, daß Sie vom Schreibtisch weggehen, um nach Unterlagen zu suchen.
- Wenn Sie dem Kunden nicht gleich antworten können, sagen Sie ihm einen sofortigen Rückruf zu.
- Wenn Sie den Kunden weiterverbinden müssen, teilen Sie Ihm den Namen und die Funktion der Kollegin oder des Kollegen mit.
- Verbinden Sie einen Kunden nicht weiter, ohne sein Anliegen genau erfragt zu haben.
- Vergessen Sie nicht, den Kunden genauso freundlich zu verabschieden, wie Sie ihn begrüßen.

## 4.3 Vier Schritte im Umgang mit schwierigen Kunden

Bei fast jeder Reklamation schwingen negative Gefühle wie Enttäuschung, Frustration und Ärger auf seiten des Beschwerdeführers mit. Oft ist der Beschwerdeempfänger von der Heftigkeit der Angriffe des Reklamierenden überrascht und geht innerlich auf Abwehrstellung. Damit riskiert er aber einen Konflikt mit dem Kunden. Doch wie reagieren? Was tun, um mit den Emotionen des Kunden und mit den eigenen fertig zu werden?

### 10 Gründe, weshalb man die Angriffe des Kunden nicht persönlich nehmen sollte

1. Die Beschwerdesituation ist für die meisten Kunden unangenehm. Der Kunde muß sich erst überwinden, er war vielleicht noch nie in einer vergleichbaren Situation.
2. Er hat in ähnlichen Situationen (z.B. mit anderen Firmen) schon schlechte Erfahrungen gemacht.
3 Er sieht sich in seinen Erwartungen frustriert.
4. Er ist vielleicht schon aus einem anderen Grund schlecht gelaunt.
5. Er verteidigt sein Ego und sein Selbstwertgefühl, er will sich und anderen etwas beweisen.
6. Er wurde vielleicht von jemanden angestachelt.
7. Er sieht sich in seiner Handlungsfreiheit beschnitten, er kann z.B. wegen der Reklamation eigene Termine nicht einhalten.
8. Mit der Reklamation ist für den Kunden Zeit- und Geldverlust verbunden.
9. Er hat ein schlechtes Gewissen (z.B. bei Zahlungsschwierigkeiten).
10. Er ist mit dem bisherigen Verlauf der Beschwerdebehandlung unzufrieden.

### Was tun bei persönlichen Angriffen?

Mancher reklamierende Kunde braucht zunächst einmal ein Ventil, um seinen aufgestauten Ärger loszuwerden. Aus der Emotionsforschung wissen wir, wie wichtig es in bestimmten Situationen ist »Dampf abzulassen«, um sich von Streß und negativen Gefühlen zu »reinigen«. Geben Sie dem Kunden daher die Gelegenheit sich »abzureagieren«, bis er sich von selbst wieder beruhigt hat. Denken Sie daran, der Kunde ist fast immer über die Situation verärgert und meint es nicht persönlich. Bleiben Sie daher gelassen. Doch das ist leichter gesagt als getan. Es gibt immer wieder kritische Situationen bei einer Reklamation, wo es wichtig ist, den eigenen aufkeimenden Ärger zu verbergen. Und so sollten Sie sich in einer schwierigen Situation verhalten:

**1. Schritt: So bringen Sie Ihren Ärger unter Kontrolle**
- Unterbrechen Sie den Kunden nicht und überhören Sie ruhig die ersten »Brüller«.
- Atmen Sie dreimal tief durch oder zählen Sie innerlich bis auf zehn.
- Spannen Sie Ihren ganzen Körper für kurze Zeit an und lassen Sie die Spannung wieder los. Sie werden feststellen, daß Ihre innere Anspannung merklich nachläßt.
- Lösen Sie sich mental von der streßerzeugenden Situation, indem Sie innerlich Abstand nehmen. Betrachten Sie sich selbst und den Kunden einmal gedanklich »von außen« und stellen Sie sich vor, der Kunde schimpfe nicht mit Ihnen, sondern mit Ihrer Firma oder einer anderen Person. Wer in einer negativen Situation »mitten drin« ist, ist oft nicht mehr Herr seiner Reaktionen. Begeben Sie sich daher außerhalb der »Arena«. Jetzt können Sie, wie ein Regisseur, Ihre Gedanken und Reaktionen nach Ihrem Willen steuern und das Verhalten Ihres Partners dadurch positiv beeinflussen.

*Was tun, wenn der Kunde mit seinen Angriffen fortfährt?*
Spiegeln Sie die Gefühle des Kunden wider:
- »Sie sind verärgert. Ich kann das gut verstehen.«
- »Sie haben dadurch Ärger bekommen. Das tut mir leid.«

**2. Schritt: Zeit gewinnen durch Rückfragen**
Streiten Sie nicht mit dem Kunden, sondern nutzen Sie Ihre Kommunikationsfertigkeiten, um der Sache auf den Grund zu gehen. Fordern Sie Ihren Gesprächspartner jetzt in ruhigem Ton auf, seine Anschuldigungen zu präzisieren. Dadurch gewinnen Sie Zeit, in der Sie Ihre Anspannung weiter abbauen können. Sie bekommen außerdem Informationen über die Sichtweise Ihres Gesprächspartners und können sich somit in Ruhe auf eine Antwort vorbereiten.

*Was tun, wenn der Kunde mit seinen Angriffen fortfährt?*
Zeigen Sie, daß Sie trotzdem Verständnis für seine Emotionen haben:
- »Ich verstehe Ihre Aufregung.«
- »Ich verstehe, das ist sehr ärgerlich für Sie.«

**3. Schritt: Stellen Sie das Problem aus Ihrer Sicht dar**
Wiederholen Sie noch einmal die wichtigsten Argumente Ihres Gesprächspartners und tragen Sie dann - in ruhigem Ton - Ihre Sichtweise vor. Wichtig ist, daß Sie alles vermeiden, was Ihren Gesprächspartner in die Enge treiben könn-

te: Gegenanschuldigungen, Zuweisungen, »Retourkutschen« usw. Geben Sie zu, daß es ein Problem gibt. Vermeiden Sie jedoch demonstrative Entschuldigungen, vor allem, wenn Sie nicht selbst für das Problem verantwortlich sind.

*Was tun, wenn der Kunde mit seinen Angriffen fortfährt?*
Äußern Sie Ihre Betroffenheit durch Ich-Botschaften:
- »Ich fühle mich angegriffen … .«
- »Mir fällt es schwer Ihnen zuzuhören, wenn Sie mich dauernd angreifen.«

**4. Schritt: Klärung**
Nachdem sich der Kunde beruhigt hat, können Sie nun vorsichtig die Sachebene ansprechen. Vergewissern Sie sich aber, daß der Kunde Sie verstanden hat.

*Was tun, wenn der Kunde mit seinen Angriffen fortfährt?*
Schaffen Sie Distanz oder vertagen Sie das Gespräch:
- »So kann ich Ihnen nicht weiterhelfen. Kann ich Sie später zurückrufen?«

## Was man im Umgang mit reklamierenden Kunden nicht tun sollte

- Die Gefühle (Ängste, Frustrationen) des Kunden ignorieren.
- Gereizt und verletzt reagieren, Angriffe persönlich nehmen.
- Nur auf der rationalen Sachebene argumentieren (übertriebene *coolness*).
- Mit dem Kunden unpersönlich umgehen, ihn als »Nummer« behandeln.
- Nicht zuhören, sofort Sachfragen stellen.
- Werten, qualifizieren, ungeprüfte Behauptungen aufstellen (»Da haben Sie einen Fehler gemacht!«, »Ihre Informationen stimmen nicht!« u.ä.).
- Ratschläge erteilen, belehren, warnen usw.

## Übung 4.2: Mein Ärgerprotokoll

| Was hat mich bei Kundengesprächen geärgert? | Wie habe ich reagiert? | Wie will ich in Zukunft reagieren? |
| --- | --- | --- |
| | | |

## 4.4 Mißverständnisse vermeiden - klare Botschaften senden

Die Gesprächsatmosphäre bei einer Reklamation ist oft sehr angespannt. Die Gefahr ist dann groß, daß beide Seiten mißverständliche Botschaften senden oder sich in ihren Aussagen gegenseitig mißverstehen. Wir haben davon gesprochen, daß eine Reklamation eine Sachebene und eine Gefühlsebene hat. Letztere spielt bei einer Beschwerde natürlich eine besondere Rolle. Auf der Gefühlsebene werden nämlich mehr Informationen ausgetauscht, als uns bewußt ist. Die emotionale Seite einer Nachricht hat gleich mehrere Bedeutungsebenen: Da ist zum einen die Art und Weise wie der Sender von sich selbst spricht, welches Selbstbild er vermittelt (Ich-Aussagen), zum anderen, wie er die Beziehung zum Empfänger definiert (Du-Aussagen), und schließlich, was der Sender vom Gesprächspartner will bzw. erwartet (Aufforderungen bzw. Appelle). Wir unterscheiden bei einer Nachricht daher:

**Sachaussage**: Damit ist der sachliche Inhalt der Nachricht gemeint. Der Empfänger, der die Sachaussage verstehen möchte, stellt sich die Frage: »Worum geht es eigentlich?«

**Ich-Aussage**: Der Sender sagt etwas über sich selbst aus, er stellt sich selbst dar und bringt zum Ausdruck: »So einer bin ich.«. Der Empfänger der Nachricht fragt: »Wer ist der andere,... wie stellt er sich dar?«

**Du-Aussage**: Hier sagt der Sender etwas über die Beziehung zum Empfänger aus. Der Empfänger möchte herausfinden: »Wie sieht mich der andere?«

**Aufforderung bzw. Appell**: Der Sender sagt hier weder etwas über die Beziehung zum Empfänger aus noch etwas über sich selbst, sondern gibt einem Wunsch oder einem Bedürfnis Ausdruck. Der Empfänger, der einen Appell heraushört, möchte wissen: »Was will der andere von mir?«

**SIDA - die vier Seiten einer Nachricht**

**S** = Sachaussage
**I** = Ich-Aussage
**D** = Du-Aussage
**A** = Aufforderung bzw. Appell

Das folgende Beispiel zeigt, welche unterschiedlichen Botschaften auf den verschiedenen Ebenen ein einziger Satz, den ein Kunde zum Beschwerdeempfänger sagt, enthalten kann.

Abb. 4.1

In ein und derselben Aussage schwingen alle vier Seiten mit. Der Sender legt das Hauptgewicht, so wie er die Nachricht verstanden haben möchte, meist aber nur auf einen Aspekt. Angenommen, dem Kunden in unserem Beispiel geht es um die Dringlichkeit der Sache und nicht um Selbstdarstellung (Ich-Aussage) oder um eine Beziehungsdefinition (Du-Aussage), so hat die Nachricht eindeutig Appellcharakter.

Wie man sieht, ist es nicht so leicht, eine Botschaft »richtig« zu verstehen. Kommunikation bedeutet ja nichts anderes als die Übermittlung von Nachrichten, wobei der Sender kodiert und der Empfänger die Nachricht dekodieren muß. Kodiert wird eine Nachricht, außer durch das gesprochene Wort, durch Tonfall, Mimik und Gestik, also nonverbal. Wie kommt es, daß Nachrichten vom Empfänger oft falsch verstanden werden? Je nachdem, welches seiner vier Ohren der Empfänger gerade auf Empfang geschaltet hat, nimmt er die Nachricht gefühlsmäßig auf. Oft ist es dem Empfänger gar nicht bewußt, auf welchem Ohr er gerade empfängt. Hat er kurz vorher die Selbstdarstellung (Ich-Aussage) seines Chefs über sich ergehen lassen müssen, wird er auf diesem Ohr sensiblisiert sein (»Aha, noch so einer!«). Gab es mit dem betreffenden Kunden schon einmal Ärger, wird er vielleicht auf dem Beziehungsohr (Du-Aussage) hellhörig (»Wie redet der mit mir?!«). Der Empfänger kann also aus einer Aussage des Senders etwas ganz anderes heraushören.

Die folgenden Beispiele zeigen, welche Konflikte entstehen können, wenn der Kundenberater die Aussagen eines verärgerten Kunden persönlich nimmt und immer nur auf seinem »Beziehungsohr« hört, und wie er stattdessen richtig reagiert:

| **Ich-Aussagen des Kunden:** | **Reaktion des Kundenberaters falsch:** | **richtig:** |
|---|---|---|
| *»Ich habe nicht viel Zeit.«* | *»Was glauben Sie, in welchem Streß ich hier bin?!«* | *»Wir werden uns umgehend um Ihr Problem kümmern.«* |
| *»Ich kann es mir nicht leisten, in einem Hotel der Mittelklasse abzusteigen, wenn ich dort Geschäftspartner empfangen will.«* | *»Ich hätte damit keine Probleme.«* | *»Das verstehe ich gut. Ich werde sofort eine Umbuchung vornehmen.«* |

| Du-Aussagen des Kunden | Reaktion des Kundenberaters falsch: | richtig: |
|---|---|---|
| *»Sie nennen sich einen Geschäftsmann, daß ich nicht lache!«* | *»Ich verstehe von meinem Geschäft mindestens so viel wie Sie von dem Ihren.«* | *»Ich verstehe Ihren Ärger. Bitte sagen Sie mir, wie ich Ihnen helfen kann.«* |
| *»Arbeiten Sie immer so schlampig?«* | *»Wenn wir so schlampig arbeiteten, wären wir längst nicht mehr im Geschäft.«* | *»Bitte entschuldigen Sie die späte Lieferung.«* |

| Appelle des Kunden | Reaktion des Kundenberaters falsch: | richtig: |
|---|---|---|
| *"So lange kann ich nicht warten!"* | *"Wir können unmöglich früher liefern."* | *"Wir geben uns die allergrößte Mühe, so schnell wie möglich zu liefern."* |
| *"Woanders bekomme ich das billiger."* | *"Dann gehen Sie doch dorthin!"* | *"Bitte denken Sie an unsere Serviceleistungen."* |

Prinzipiell hat der Empfänger jedoch freie Auswahl, auf welchem Ohr er hören will. Er kann negative Beziehungsbotschaften überhören und sich auf die Sachebene konzentrieren. Grundsätzlich ist auch der Sender für die Klarheit seiner Aussage und somit für das Gelingen der Kommunikation verantwortlich. Legt er beispielsweise zuviel Gewicht auf Selbstdarstellung (Ich-Aussage), will er zeigen, was für eine wichtige Person er doch ist, oder betont er die Beziehungsebene (Du-Aussage), wird dadurch die Inhaltsebene (Sachaussage) getrübt.

*Wie verhält man sich als Beschwerdeempfänger?*

- Hören Sie auf allen vier Ohren. Fassen Sie die Aussagen des Kunden jedoch nicht als persönlich gemeint auf, also auf einer negativen Beziehungsebene. In den meisten Fällen haben die Aussagen des Kunden Appellcharakter, er braucht Ihre Hilfe.
- Bleiben Sie in Ihren Aussagen sachlich (Sachaussage) und bleiben Sie auf der Beziehungs-, Selbstdarstellungs- und Appellebene neutral. Vermeiden Sie als Sender negative oder allzu positiv gefärbte Beziehungsbotschaften (Du-Aussagen) dem Kunden gegenüber. Kumpelhafte und joviale Aussagen sind genauso unangebracht wie Überheblichkeit oder abwertende Botschaften.
- Vermeiden Sie auch jede übertriebene Form von Selbstdarstellung (Ich-Aussagen), nach dem Motto: »Ich sitze hier am längeren Hebel«.
- Vermeiden Sie es, aus einem Gefühl der Angst oder Bedrängnis heraus, an den Kunden Appelle zu richten (»Bitte, sagen Sie nichts meinem Chef davon!«, »Bitte, gehen Sie nicht so hart mit uns ins Gericht!«).

## Übung 4.3: Auf allen vier Ohren hören

Führen Sie zu zweit mehrere kurze Gespräche hintereinander. Hören Sie beim ersten Gespräch nur die Sachbotschaften, beim zweiten nur die Du-Aussagen, beim dritten die Ich-Aussagen und beim vierten die Appelle heraus. Reagieren Sie jeweils also nur auf eine Seite der Nachricht und stellen Sie fest, wie sich das auf Ihr Gespräch auswirkt.

## 4.5 Die Transaktionsanalyse - konfliktfrei kommunizieren

In Gesprächen mit reklamierenden Kunden ergeben sich immer wieder Situationen, die Konflikte und Irritationen hervorrufen. Die Transaktionsanalyse, eine von dem amerikanischen Psychiater Eric Berne in den fünfziger Jahren entwickelte tiefenpsychologische Methode, kann helfen, Konflikte in der Kommunikation besser zu erkennen und sie in Zukunft zu vermeiden.

Das Hauptziel der Transaktionsanalyse liegt im Wahrnehmen und Erkennen der sogenannten Ich-Zustände bei sich selbst und beim Gesprächspartner. Es ist das große Verdienst von Eric Berne erkannt zu haben, daß unser ganzes Denken, Fühlen, Handeln und die Art, wie wir miteinander kommunizieren, im Grunde aus drei Quellen stammt:

1. unseren gefühlsmäßigen Erfahrungen als Kind;
2. unseren beobachteten, sozusagen »geborgten« Erfahrungen aus »zweiter Hand«, sprich: von Eltern, Verwandten, Freunden, Lehrern usw.
3. unseren bewußten, rationalen Erfahrungen; durch sie wurden wir erst zu eigenständig denkenden und handelnden Erwachsenen.

Nach Berne setzt sich die Persönlichkeit daher aus

- Kind-Ich (K),
- Eltern-Ich (EL) und
- Erwachsenen-Ich (ER) zusammen.

### Die Ich-Zustände

#### Das Kind-Ich (K)

Das Kind-Ich ist das Gefühls-Ich eines Menschen. Gefühle der Angst, Wut, Trauer, aber auch die der Freude, des Ausgelassenseins und des Genießens sind in ihm gespeichert. Das Kind-Ich einer erwachsenen Person enthält auch ihre Wünsche und Bedürfnisse. Nicht umsonst sprechen wir vom »Kind im Manne und in der Frau«. Das Kind-Ich wird weiter unterteilt in das spontane Kind-Ich, das angepaßte Kind-Ich und das rebellische Kind-Ich.

*Das angepaßte Kind-Ich (Ka)*

Ein erwachsener Mensch befindet sich in seinem angepaßten Kind-Ich, wenn er folgendes Verhalten zeigt: er ist hilflos, traurig, ängstlich, niedergeschlagen oder schüchtern; er fühlt sich schuldig und zieht sich zurück. Andererseits ist er höflich, benimmt sich gut, paßt sich an. Verbale Aussagen des angepaßten Kind-Ichs sind z.B.: »Ich möchte..., darf ich?«, »Ist es auch nicht zuviel verlangt, wenn ich ...?«. Beispiele für nonverbale Ausdrucksweisen des angepaßten Kind-Ichs sind: gesenkter Kopf, niedergeschlagene Augen, leises Sprechen.

*Das spontane Kind-Ich (Ks)*
Ein Mensch, der sich in seinem spontanen Kind-Ich befindet, ist dagegen ausgelassen, neugierig, fröhlich, verspielt, manchmal schamlos und rücksichtslos. Das spontane Kind-Ich drückt sich nonverbal in Freude, Ausgelassenheit, Unternehmungslust, offenem Blick, freiem und ungezwungenem Verhalten aus. Verbale Äußerungen können folgende sein: »Das find` ich toll!«, »Prima!«, »Ich freue mich!«.

*Das rebellische Kind-Ich (Kr)*
Das rebellische Kind-Ich einer Person zeigt sich in Trotz, Wut, Aggression und Zerstörung. Typisch sind die folgenden verbalen Aussagen: »Ist mir egal!«, »Was soll ich damit?«, »Behaltet euren Krempel!«. Nonverbale Signale des rebellischen Kind-Ichs sind: wütender Blick, Schreien, Toben, Stampfen usw.

**Das Eltern-Ich (EL)**
Im Eltern-Ich eines Menschen sind alle Ge- und Verbote seiner Eltern, älteren Geschwister, Verwandten, Freunde, Lehrer und sogar seiner Idole seit seiner frühesten Kindheit gespeichert. Es enthält »Regieanweisungen«, wie man sich in bestimmten Situationen verhält, was man sagt, wie man sich kleidet, ja sogar, was man denken und fühlen soll. Wie man seine Eltern selbst erlebt hat, mal streng, mal gütig, so hat auch das Eltern-Ich einer Person grundsätzlich zwei Ausprägungen: einen kritischen und einen wohlwollenden Teil.

*Das wohlwollende Eltern-Ich (ELw)*
Befindet sich ein Mensch in seinem wohlwollenden Eltern-Ich, so ist er fürsorglich, verständnisvoll, mitfühlend, aufopfernd; er tröstet, ermutigt, hilft, umsorgt, schützt, unterstützt. Er hört zu, nickt verständnisvoll, legt dem Hilfesuchenden die Hand auf die Schulter; sein Gesichtsausdruck ist besorgt, seine Stimme beruhigend. Verbale Aussagen des wohlwollenden Eltern-Ichs können folgende sein: »Das ist nicht so schlimm!«, »Du schaffst das schon!«, »Ruhen Sie sich erst einmal aus.«

*Das kritische Eltern-Ich (ELk)*
Befindet sich eine Person im kritischen Eltern-Ich, verhält sie sich streng, herrisch, fordernd, überlegen, voreingenommen, arrogant, eingebildet, autoritär; sie tadelt, straft, wertet ab, kritisiert, korrigiert, weist zurecht, demonstriert, wie es »richtig« gemacht wird. Den kritischen »Eltern-Ichler« erkennt man am Naserümpfen, an den verschränkten Armen, gefurchten Augenbrauen, am erhobenem Zeigefinger und an verbalen Aussagen wie z.B.: »Man muß doch einfach sehen, daß...!«, »Es ist unerhört, daß...!«, »Wie der wieder rumläuft!«

**Das Erwachsenen-Ich (ER)**
Das Erwachsenen-Ich ist der rationale Teil der Persönlichkeit. Es verrechnet laufend Daten, nimmt Einschätzungen vor, bildet Hypothesen, überprüft, stellt Prognosen auf. Befindet sich der Mensch in seinem Erwachsenen-Ich, so ist er aufmerksam, nüchtern, wach, konzentriert, unvoreingenommen; er beobachtet, denkt nach, analysiert, zieht mehrere Möglichkeiten und die Folgen seines Handelns in Betracht. Zu den nonverbalen Ausdrucksmerkmalen gehören: interessierter, offener Gesichtsausdruck, flinke Augenbewegungen, entspannte Haltung, Konzentriertheit. Verbale Äußerungen des Erwachsenen-Ichs sind z.B.: »Ich denke, daß...«, »Wieviel Uhr ist es?«, »Ist es möglich, daß Sie mir die Unterlagen bis Montag besorgen?«, »Angenommen, daß...«, »Wie denken Sie darüber...?«

---

## Übung 4.4: Ich-Zustände sprechen lassen

---

Markieren Sie drei Stellen am Boden. Die drei Markierungen symbolisieren Ihre Ich-Zustände. Stellen Sie sich auf die erste Markierung. Lassen Sie Ihr Kind-Ich zu sich sprechen. Machen Sie einen Schritt zur zweiten Markierung. Lassen Sie Ihr Eltern-Ich zu sich sprechen. Machen Sie einen weiteren Schritt. Lassen Sie Ihr Erwachsenen-Ich zu sich sprechen, jeweils 3 Minuten lang.

---

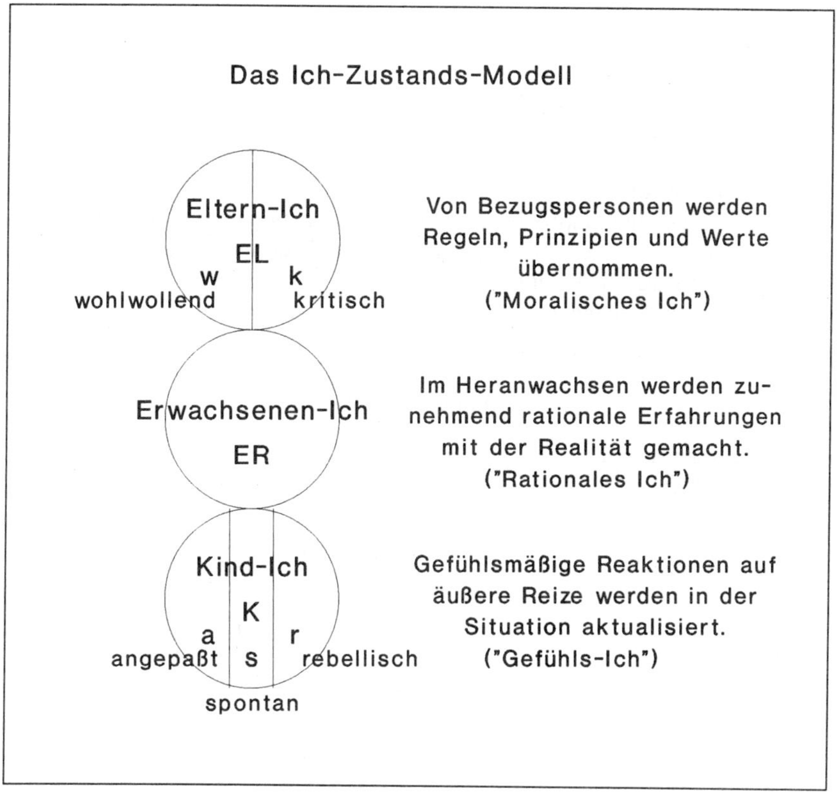


Abb. 4.2

## Die Transaktionen

*Was ist eine Transaktion?*
Unter einer Transaktion wird die Grundeinheit der Kommunikation verstanden; sie kann ein »Guten Tag«, ein Kopfnicken, ein Achselzucken, ein Wort oder ein ganzer Satz, also verbal oder nonverbal sein. Eine Unterhaltung setzt sich immer aus einer Kette von Transaktionen zusammen. In ihr kommen die verschiedenen Ich-Zustände zu Wort. Jede Aktion kommt aus einem bestimmten Ich-Zustand und spricht beim Partner ebenfalls einen Ich-Zustand an. Übrigens können sich die Ich-Zustände, je nachdem, was man fühlt oder denkt bzw. was der Gesprächspartner in einem auslöst, blitzschnell ändern. Selbst während einer kurzen Unterhaltung wechseln die Ich-Zustände mehrmals.

Es gibt drei Arten von Transaktionsmustern:

1. Parallele Transaktionen.
2. Überkreuzte Transaktionen.
3. Verdeckte Transaktionen.

**Parallele Transaktionen**

Die einfachsten und unproblematischsten Transaktionen sind die parallelen Transaktionen. Sie sind deshalb konfliktfrei, weil derjenige Ich-Zustand, der angesprochen wird, auch antwortet. »Lauschen« wir einer kurzen Unterhaltung zwischen einem Kunden und einem Verkäufer, in der eine Reihe paralleler Transaktionen ausgetauscht werden.

**Kunde** **Verkäufer**

»Haben Sie schon von der Pleite der Firma XY gehört?«

»Bis wann können Sie mir die Ersatzteile liefern?«

»Das find'ich prima!«

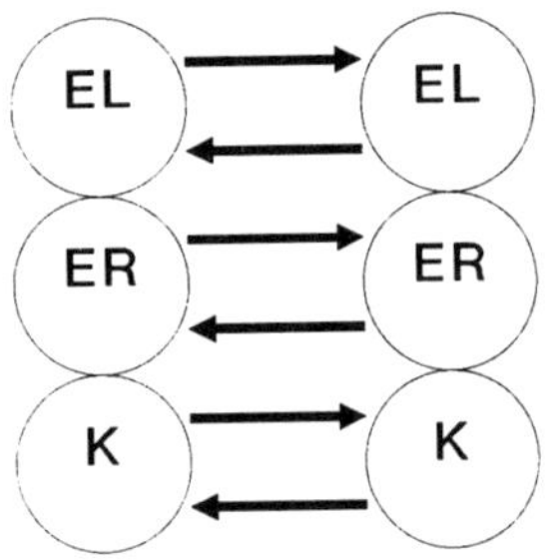


»Kein Wunder, bei dem Chef!«

»Bis spätestens Donnerstag.«

»Ja, so sind wir halt nun mal.«

Abb. 4.3

Wie man an diesem Beispiel sieht, führen parallele Transaktionen zu den entsprechenden Reaktionen und werden von beiden Gesprächspartnern als befriedigend erlebt. Das gilt auch für die diagonalen Paralleltransaktionen.

**Kunde** **Verkäufer**

»So lange kann ich nicht warten. Ich habe nicht so viel Zeit wie Sie!«

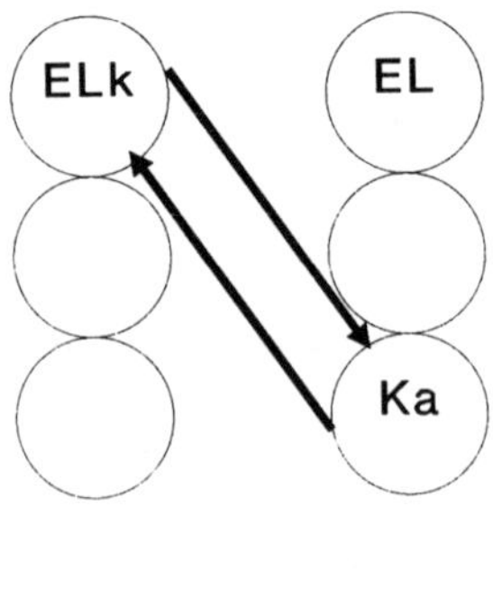


»Es war ja nur ein Vorschlag.«

Abb. 4.4

Man beachte: Auch diese Transaktion bleibt konfliktfrei, weil der Verkäufer aus dem vom Kunden angesprochenen Ich-Zustand heraus antwortet.

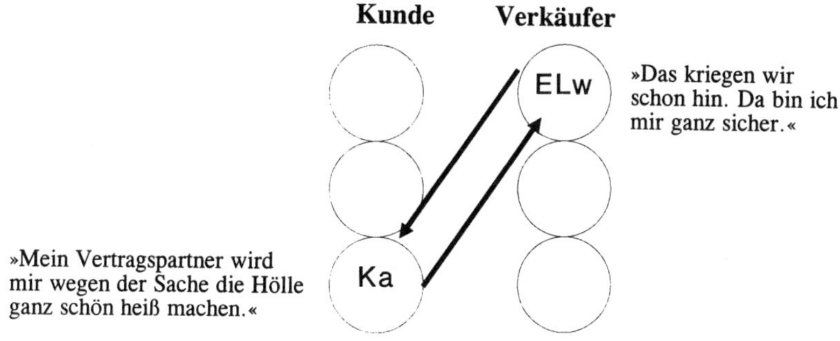


Abb. 4.5

> **Kommunikationsregel Nr. 1 lautet daher:**
> **Parallele Transaktionen sind spannungsfrei, wodurch eine problemlose Kommunikation ermöglicht wird.**

### Überkreuzte Transaktionen

Bei den Überkreuztransaktionen kann von spannungsfreier Kommunikation keine Rede mehr sein. Sie treten auf, wenn die erwartete Reaktion ausbleibt. Die Person, die auf diese Weise »abgewürgt« wird, fühlt sich mißverstanden, ist überrascht oder irritiert. Häufige Überkreuztransaktionen sind ein sicherer Hinweis für Konflikte, Mißverständnisse oder Hilflosigkeit.

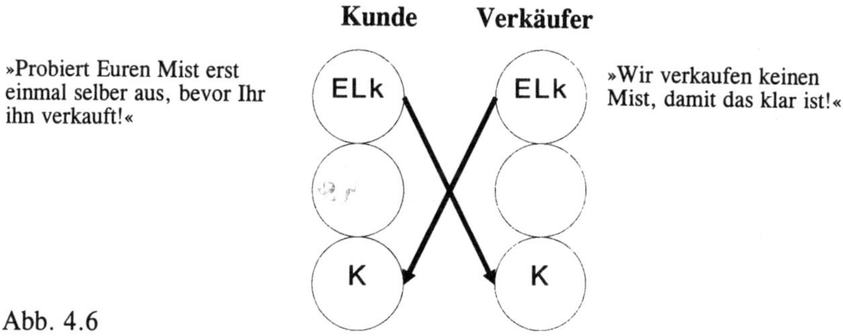


Abb. 4.6

Eine Überkreuztransaktion, vom angepaßten Kind-Ich an das Eltern-Ich des Gesprächspartners gerichtet, signalisiert Hilflosigkeit:

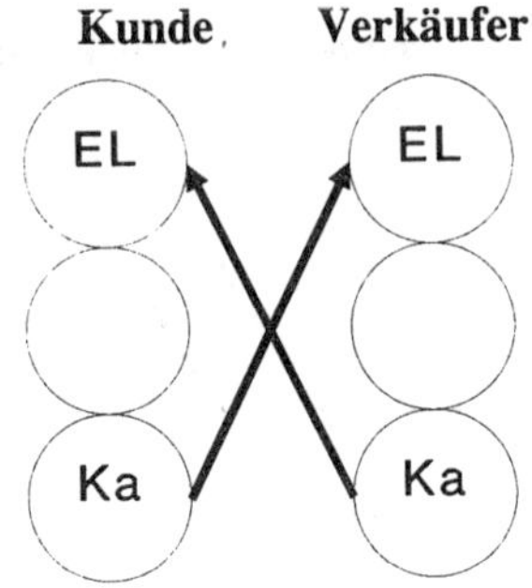


»Mein Gott, was mach' ich jetzt nur?«

»Hm, ich weiß es auch nicht.«

Abb. 4.7

Eine Überkreuztransaktion zwischen dem Erwachsenen-Ich des Verkäufers und dem kritischen Eltern-Ich des Kunden:

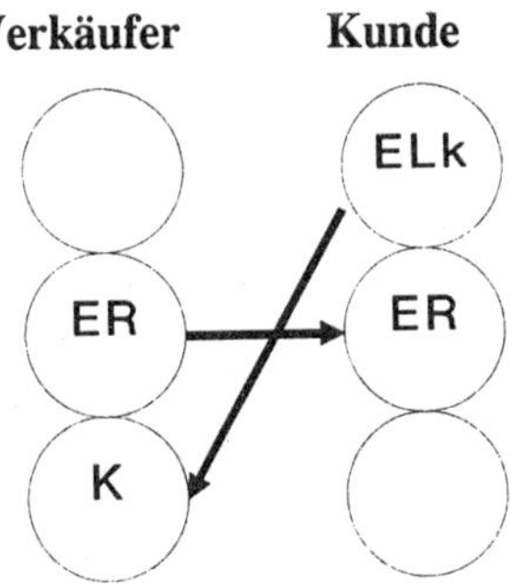


»Und wie recht mir das ist. Schauen Sie sich ruhig an, was Ihre Leute da gemacht haben!«

»Ist es Ihnen recht, wenn ich mir den Schaden einmal ansehe?«

Abb. 4.8

**Kommunikationsregel Nr. 2:**
**Überkreuztransaktionen führen zu negativen Spannungen in der Kommunikation.**

**Verdeckte Transaktionen**
Manchmal schwingt in einer Transaktion auch eine verdeckte psychologische Seite mit. Sie ist nonverbal und oft nur schwer zu diagnostizieren. Verdeckte Transaktionen drücken das aus, was man denkt, sich aber nicht zu sagen getraut.

*verbal*: »Das ist das äußerste Angebot, das ich Ihnen machen kann.«

*nonverbal*: Verkäufer kratzt sich am Ohr und denkt: »Hoffentlich geht das gut«

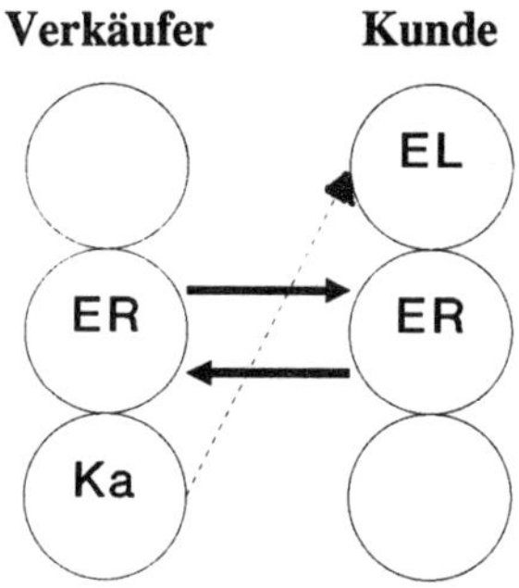


»Das glaube ich nicht.«

Abb. 4.9

Der Verkäufer kreuzt sich hier selbst. Der Kunde spürt das, und er antwortet entsprechend: »Das glaube ich nicht.« Verdeckte Transaktionen laufen nach einem verborgenen Muster ab. Die intuitiven Fähigkeiten, die im Kind-Ich eines jeden Menschen wurzeln, ermöglichen es, die unterschwelligen Botschaften zu empfangen und spontan darauf zu reagieren. Hierzu ein anderes Beispiel:

*nonverbal*: Verkäufer setzt eine mitleidige Miene auf und denkt: »Du hast mich mich lange genug genervt.«

*verbal*: »Ich sehe leider keine Möglichkeit, Ihnen da entgegenzukommen.«

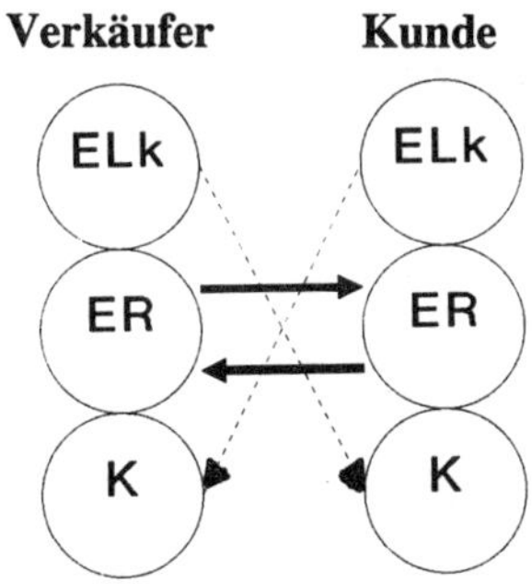


*nonverbal*: Kunde sieht ebenso mitleidig drein und denkt: »Das ist die Strafe.»

*verbal*: »Dann muß ich mich wohl nach einem anderen Partner umsehen.«

Abb. 4.10

> **Kommunikationsregel Nr. 3:**
> **Stimmen verbaler und nonverbaler Transaktionsreiz nicht überein, nimmt der Partner den verdeckten Reiz wahr und reagiert darauf.**

## Übung 4.5: Transaktionen diagnostizieren

Bitte kreuzen Sie die entsprechenden Ich-Zustände an.

**Kurzbezeichnungen:**
ELw = wohlwollendes Eltern-Ich,
ELk = kritisches Eltern-Ich
ER = Erwachsenen-Ich
Ks = spontanes Kind-Ich
Ka = angepaßtes Kind-Ich
Kr = rebellisches Kind-Ich

**Aussagen des Kunden**

| | | ELw | ELk | ER | Ks | Ka | Kr |
|---|---|---|---|---|---|---|---|
| 1) | "Mein Gott, können Sie denn da gar nichts machen?" (Tonfall: ängstlich) | ☐ | ☐ | ☐ | ☐ | ☐ | ☐ |
| 2) | "Das gibt es doch nicht, daß Sie so spät liefern!" (Tonfall: erregt) | ☐ | ☐ | ☐ | ☐ | ☐ | ☐ |
| 3) | "Bis wann könnten Sie jemanden vorbeischicken?" (Tonfall: sachlich) | ☐ | ☐ | ☐ | ☐ | ☐ | ☐ |
| 4) | "Ach, gehen Sie doch zum Teufel!" (Tonfall: aufgeregt) | ☐ | ☐ | ☐ | ☐ | ☐ | ☐ |
| 5) | "Haben Sie schon einmal darüber nachgedacht, was mich Ihr Pfusch kostet?" (Tonfall: ärgerlich, vorwurfsvoll) | ☐ | ☐ | ☐ | ☐ | ☐ | ☐ |
| 6) | "Das ist Ihr Problem, wie Sie das machen!" (Tonfall: sarkastisch) | ☐ | ☐ | ☐ | ☐ | ☐ | ☐ |
| 7) | "Bitte, regeln Sie die Sache so schnell wie möglich!" (Tonfall: ruhig, sachlich) | ☐ | ☐ | ☐ | ☐ | ☐ | ☐ |
| 8) | "Daß Sie mir da entgegengekommen sind, find' ich toll!" (Tonfall: freudig) | ☐ | ☐ | ☐ | ☐ | ☐ | ☐ |
| 9) | "Ja, da will ich mal nicht so sein." (Tonfall: gönnerhaft) | ☐ | ☐ | ☐ | ☐ | ☐ | ☐ |
| 10) | "Das sollten Sie aber schleunigst tun!" (Tonfall: belehrend) | ☐ | ☐ | ☐ | ☐ | ☐ | ☐ |

**Aussagen des Kundendberaters**

| | Aussage | ELw | ELk | ER | Ks | Ka | Kr |
|---|---|---|---|---|---|---|---|
| 1) | "Die Lösung des Problems wird schwierig." (Tonfall: ernsthaft) | ☐ | ☐ | ☐ | ☐ | ☐ | ☐ |
| 2) | "Können Sie mir noch einmal verzeihen?" (Tonfall: flehend) | ☐ | ☐ | ☐ | ☐ | ☐ | ☐ |
| 3) | "Da haben Sie mich aber gründlich mißverstanden!" (Tonfall: sarkastisch) | ☐ | ☐ | ☐ | ☐ | ☐ | ☐ |
| 4) | "So, jetzt schauen wir uns einmal gemeinsam die Bedienungsanleitung an." (Tonfall: gütig, beruhigend) | ☐ | ☐ | ☐ | ☐ | ☐ | ☐ |
| 5) | "Ich kann mich durchaus in Ihre Lage versetzen." (Tonfall: offen, aufmerksam) | ☐ | ☐ | ☐ | ☐ | ☐ | ☐ |
| 6) | "Das geht nicht, das mache ich nicht mit!" (Tonfall: ärgerlich) | ☐ | ☐ | ☐ | ☐ | ☐ | ☐ |
| 7) | "Liebe(r) Herr/Frau, Sie sind doch nicht von gestern." (Tonfall: ironisch) | ☐ | ☐ | ☐ | ☐ | ☐ | ☐ |
| 8) | "Toll, daß Sie anrufen, ich habe gerade an Sie gedacht!" (Tonfall: enthusiastisch) | ☐ | ☐ | ☐ | ☐ | ☐ | ☐ |
| 9) | "Wann ist das Problem zum erstenmal aufgetreten?" (Tonfall: interessiert) | ☐ | ☐ | ☐ | ☐ | ☐ | ☐ |
| 1O) | "Peinlich, peinlich!" (Tonfall: betroffen) | ☐ | ☐ | ☐ | ☐ | ☐ | ☐ |

(Auflösung siehe Anhang)

*Hinweise für die Praxis*

- Zunächst ist zu sagen: Jeder Transaktionsreiz kann positiv oder negativ wirken und jeder Ich-Zustand hat seine besondere Funktion. Es gibt daher keinen »guten« oder »schlechten« Ich-Zustand. Das kritische Eltern-Ich hat auch seine guten Seiten. Als negativ ist lediglich die Abwertung des anderen zu sehen. Trotzdem: Vermeiden Sie den Einsatz des kritischen Eltern-Ich bei einem reklamierenden Kunden. Dadurch fühlt er sich in eine Kindrolle gedrängt und reagiert umso gereizter, entweder aus seinem rebellischen Kind-Ich oder aus dem kritischen Eltern-Ich.

- Auch das wohlwollende Eltern-Ich hat viel Gutes. Es ist insbesondere dann angebracht, wenn sich der Partner in einer hilflosen Situation befindet, also sein angepaßtes Kind-Ich besetzt hat. Das wohlwollende Eltern-Ich wird jedoch häufig hemmend eingesetzt. Es unterschätzt die Fähigkeiten des anderen, Probleme zu lösen, und drängt ihn, ebenso wie das kritische Eltern-Ich, in eine unselbständige Kindrolle. Deshalb ist es wichtig, sich so schnell wie möglich wieder auf die Erwachsenenebene zu begeben. Behandeln Sie den Kunden wie einen erwachsenen Menschen und nicht wie ein unmündiges Kind.

- Ein Kunde, der reklamiert, befindet sich meist in seinem angepaßten oder rebellischen Kind-Ich. Warum, so möchte man fragen, reagieren viele Kunden dann aus ihrem kritischen Eltern-Ich, wenn sie ihre Beschwerde vorbringen? Der Grund ist folgender: Wie das Kind von seinen Eltern geschützt wird, so macht sich das Eltern-Ich eines Erwachsenen zum Anwalt eines verletzten Kind-Ichs. Der seelische Energiefluß sieht folgendermaßen aus:

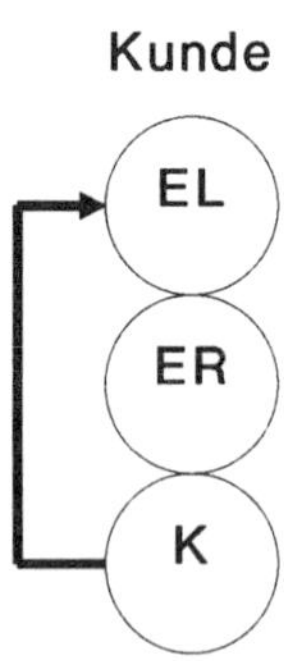


Abb. 4.11

Deshalb ist es für den Kundenberater wichtig, das Kind-Ich des Kunden immer positiv in die Kommunikation mit einzubeziehen, indem er Verständnis zeigt und die Emotionen des Kunden akzeptiert. Ist man jedoch den wiederholten Angriffen des kritischen Eltern-Ichs des Gesprächspartners ausgesetzt, reagiert man am besten aus dem Erwachsenen-Ich und versucht gleichzeitig, das spontane Kind-Ich seines Gegenübers zu stimulieren. Das entkrampft die Situation und gibt dem "Eltern-Ichler" die Chance, einen anderen Ich-Zustand zu besetzen (Abb. 4.12).
Das bedeutet aber, daß man die Transaktionen des Kunden kreuzen muß. Es ist auch nicht immer von Vorteil, wenn ständig komplementäre bzw. parallele Transaktionen stattfinden. Wenn der Kunde beispielsweise ausschließlich Transaktionen aus seinem (kritischen) Eltern-Ich einleitet und der Verkäufer immer aus seinem angepaßten Kind-Ich reagiert, besteht die Gefahr, daß beide in starre Komplementärrollen verfallen. Der Verkäufer wird den Kunden zwar in seiner augenblicklichen Rolle bestärken, hat es aber umso schwerer, das Gespräch wieder aus seinem Erwachsenen-Ich zu führen. Und das ist natürlich besonders wichtig, wenn es um die Sachebene geht. Davon abgesehen wirken diese Reaktionsmuster auf Dauer für beide Seiten frustrierend. Der Verkäufer sollte sich daher so schnell wie möglich wieder auf die Erwachsenenebene begeben, auch wenn er dadurch die Transaktionen des Kunden kreuzt.

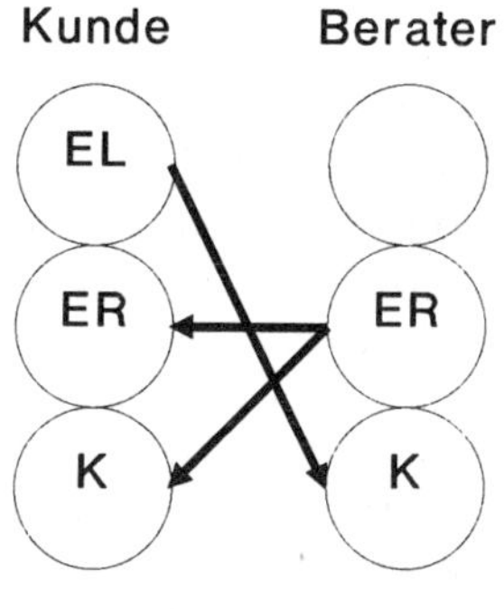


Abb. 4.12

## Übung 4.6: Ich-Zustände flexibel einsetzen

1. Finden Sie heraus, welchen Ich-Zustand Sie in einer Konfliktsituation meistens besetzten.

2. Überlegen Sie, welcher Ich-Zustand für eine Konfliktlösung hilfreicher für Sie ist. Schreiben Sie sich auf, wie Ihre Aussagen und Gefühle sein werden, wenn Sie die gleiche Situation vorfinden und spielen Sie die Situation vor Ihrem geistigen Auge durch.

3. Setzen Sie in der nächsten Konfliktsituation den neuen, gewünschten Ich-Zustand bewußt ein, auch wenn er zu Beginn etwas aufgesetzt wirkt.

## 4.6 Vier Kundentypen und wie Sie sie für sich gewinnen

Jeder Kunde ist anders, dennoch haben Sie sicher schon die Erfahrung gemacht, daß sich viele hinsichtlich ihres Charakters und ihres Auftretens ähnlich sind. Versuche, die Menschen nach herausragenden Persönlichkeits- und Charaktereigenschaften einzuordnen, gehen bis auf die Antike zurück. Hippokrates war der erste, der eine solche Typologie auf der Grundlage der menschlichen Temperamente (Choleriker, Phlegmatiker, Sanguiniker, Melancholiker) entwickelt hat. Moderne psychologische Typenlehren unterscheiden Personen danach, ob sie mehr emotional oder rational orientiert sind, und ob sie mehr nach außen gerichtet (extrovertiert) oder nach innen gerichtet (introvertiert) sind. Stellt man diese Eigenschaften als gegensätzliche Pole gegenüber, so ergeben sich daraus vier ausgeprägte Kundentypen (Abb.4.13).

Vorweg sei jedoch bemerkt, daß jede Typologie nur ein grobes Raster bezüglich des Verhaltens und der Persönlichkeit eines Menschen darstellt. Die Gefahr liegt zweifelsohne in der Verallgemeinerung und im Schablonendenken. Menschliches Verhalten ist Wirklichkeit viel komplexer, als es jede noch so ausgefeilte Typenlehre glauben machen will. Dennoch: jeder von uns tendiert mehr oder weniger zu einem dieser Verhaltensstile, hat aber zugleich Anteile aller übrigen. Solche Kategorien können hilfreich sein, wenn es darum geht, eine schwierige Verhandlungssituation schnell einzuschätzen und sie konfliktfrei zu lösen.

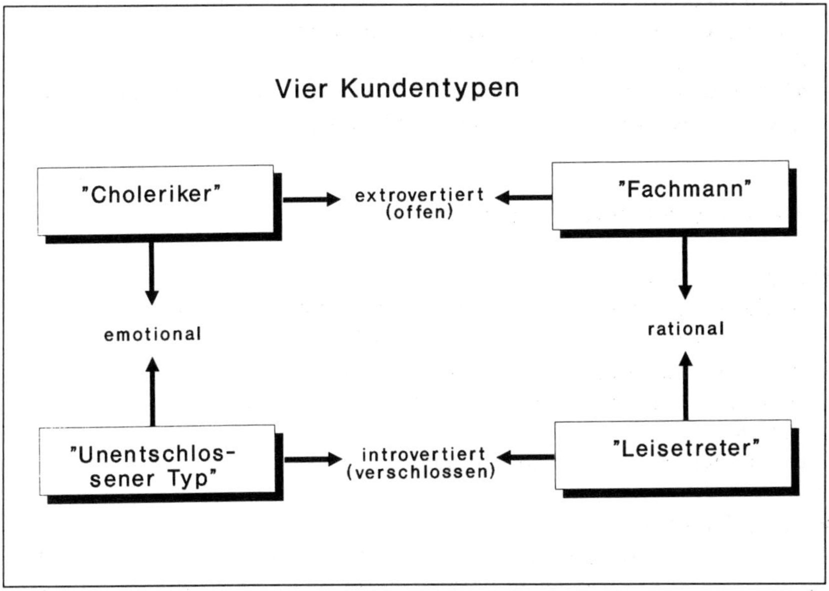


Abb. 4.13

## Der »Choleriker« (extrovertiert/emotional)

*Wie verhält er sich?*
- er will recht behalten und duldet kaum Widerspruch;
- er hat ein hohes Geltungsbedürfnis, ist an Status und Anerkennung interessiert;
- er ist mehr gefühls- als sachorientiert;
- er ist dominant und unnachgiebig;
- er muß erst Dampf ablassen, ist dann aber verträglich und kompromißbereit.

*Wo gibts Probleme?*
Fühlt sich der »Choleriker« in seinem Selbstwertgefühl verletzt, eskaliert der Konflikt sehr schnell.

*Wie gehen Sie auf ihn ein?*

- Lassen Sie den »Choleriker« ruhig brüllen, er meint es nicht persönlich. Wie bei einem Orkan sollte man sich ducken und sich den Wind nicht ins Gesicht blasen lassen. Hinterher herrscht meist wieder eitel Sonnenschein.
- Widersprechen Sie nicht und geben Sie ihm recht.
- Zollen Sie ihm Anerkennung.
- Warten Sie damit, die Sachebene der Reklamation bzw. Beschwerde anzusprechen, bis Ihr Gesprächspartner sich beruhigt hat.

## Der »Fachmann« (extrovertiert/rational)

*Wie verhält er sich?*

- er tritt sehr kompetent, manchmal auch »besserwisserisch« auf;
- er kommt ohne Umschweife gleich zur Sache;
- er läßt sich durch Floskeln nicht beeindrucken;
- er ist an Details interessiert, gibt sich mit allgemeinen Angaben kaum zufrieden;
- er erwartet eine schnelle Entscheidung.

*Wo gibts Probleme?*

Alle Versuche, dem »Fachmann« ein »X« für ein »U« vormachen oder ihn durch faule Tricks einlullen zu wollen, tragen sehr schnell zu einer Konfliktverschärfung bei.

*Wie gehen Sie auf ihn ein?*

- Hören Sie aufmerksam zu und unterbrechen Sie nicht;
- Wenden Sie alle Regeln des aktiven Zuhörens an;
- Kommen Sie Ihrerseits schnell zur Sache;
- Vermeiden Sie Allgemeinplätze, Ausflüchte, »Killerphrasen« und alles, was nicht zum Thema gehört;
- Stellen Sie Behauptungen in der Frageform auf;
- Stellen Sie die Kompetenz Ihres Gesprächspartners niemals offen in Frage, auch wenn er einmal im Unrecht sein sollte.

## Der »Unentschlossene« (introvertiert/emotional)

*Wie verhält er sich?*

- er ist sich unsicher, ob seine Beschwerde überhaupt berechtigt ist;
- er ist eher verschlossen, unzugänglich und risikoscheu;

- er hat ein starkes Sicherheitsbedürfnis, ist auf Harmonie bedacht;
- er zögerlich und nicht sehr entscheidungsfreudig;
- er widerspricht selten, bringt wenig Einwände vor;
- er redet wenig, ist sparsam in Mimik und Gestik.

*Wo gibts Probleme?*
Stauen sich beim »Unentschlossenen Typ« viele negative Gefühle auf, kann es zum unerwarteten Vulkanausbruch kommen. Ein Überspringen mehrerer Konfliktstufen ist durchaus möglich.

*Wie gehen Sie auf ihn ein?*
- Vermeiden Sie es, den »Unentschlossenen Typ« als leichten Fall zu betrachten, indem Sie beispielsweise seinen Mangel an Widerspruch als Zustimmung deuten oder versuchen, ihn auf kumpelhafte Weise zu überreden.
- Hören Sie zu und versuchen Sie, durch gezielte Fragen die Hintergründe der Reklamation ans Licht zu bringen.
- Tragen Sie dem Bedürfnis nach Sicherheit des Kunden Rechnung.
- Versuchen Sie, den Kunden in die Problemlösung aktiv mit einzubeziehen.

## Der »Leisetreter« (introvertiert/rational)

*Wie verhält er sich?*
- er zeigt wenig emotionale Regungen, ist distanziert, manchmal hochnäsig und arrogant;
- er ist weniger an der Gefühlsebene als an Sachergebnissen interessiert;
- er wirkt zurückhaltend und kühl;
- er ist manchmal etwas pedantisch und möchte alles genau wissen;
- er erwartet schnelle Entscheidungen.

*Wo gibts Probleme?*
Der »Leisetreter« kann durchaus »treten«, im Gegensatz zum "Choleriker" tut er das jedoch unhörbar. Eine nicht in seinem Sinne behandelte Reklamation bzw. Beschwerde findet sich schnell im juristischen Stadium wieder.

*Wie gehen Sie auf ihn ein?*
- Vermeiden Sie alle Versuche, die Distanz zu diesem Kunden zu verringern.
- Bleiben Sie sachlich und rational und versuchen Sie nicht, emotional zu argumentieren.
- Bringen Sie Ihre Wertschätzung zum Ausdruck.

- Beim ihm müssen Sie mehr reden als beim »Fachmann« oder »Choleriker«, schweifen Sie aber nicht ab und erklären Sie alles genau.
- Sagen Sie eine schnelle und unbürokratische Bearbeitung zu.
- Zeigen Sie Verläßlichkeit.
- Informieren Sie den Kunden vorab über jede Ihrer Entscheidungen.

---

## Übung 4.7: "Wer bin ich?"

---

Bestimmen Sie bei den folgenden Fallbeispielen den vorherrschenden Persönlichkeitstyp und überlegen Sie, wie Sie den Kunden für sich gewinnen können.

**Fall 1:** Frau Winter ruft wegen ihrer defekten Geschirrspülmaschine an: »Also, ich habe mir doch letzte Woche diesen Geschirrspülautomaten bei Ihnen gekauft. Nun, hm, das Geschirr wird nie so richtig sauber. Also, ich weiß nicht. Ich glaube, ich mache alles richtig. Moment, ich habe hier noch die Mappe mit der Gebrauchsanweisung und dem Garantieschein. Ich habe zusammen mit meinem Mann alles genau durchgelesen. Oder hab' ich vielleicht doch was falsch gemacht. Können Sie mir da helfen?«

Welcher Kundentyp?

| ☐ | ☐ | ☐ | ☐ |
|---|---|---|---|
| »Choleriker« | »Fachmann« | »Unentschlossener Typ« | »Leisetreter« |

Wie gehen Sie vor?

________________________________________

________________________________________

________________________________________

**Fall 2:** Herr Müller von der Firma Con-Bau meldet sich aufgeregt am Telefon (im Hintergrund Baulärm): »Was habt Ihr mir da nur für einen verdammten Schrott geliefert. Schickt mal gleich jemanden von der Geschäftsleitung vorbei, am besten den Chef persönlich. Der soll sich das mal ansehen, wie Euer Spitzen-Beton Stück für Stück abbröckelt. Das wird Euch eine Stange Geld kosten, das kann ich Euch jetzt schon versprechen...!«

Welcher Kundentyp?

| ☐ | ☐ | ☐ | ☐ |
|---|---|---|---|
| »Choleriker« | »Fachmann« | »Unentschlossener Typ« | »Leisetreter« |

Wie gehen Sie vor?

______________________________________________

______________________________________________

______________________________________________

**Fall 3:** Herr Meisner, ein junger Industriekaufmann, ruft bei einer Computerfirma an: »Meisner, mein Name. Ich habe mir vor zwei Wochen einen 486iger bei Ihnen gekauft, laut Angabe mit einer vierhundert Megabyte Festplatte. Ich bekomme aber schon bei weniger als einhundert Megabytes die Fehlermeldung »Kein Speicherplatz mehr«. Sonstige Festplattenfehler konnte ich nicht feststellen. Ich vermute, Sie haben mir aus Versehen eine Festplatte mit geringerer Speicherkapazität eingebaut.«

Welcher Kundentyp?

| ☐ | ☐ | ☐ | ☐ |
|---|---|---|---|
| »Choleriker« | »Fachmann« | »Unentschlossener Typ« | »Leisetreter« |

Wie gehen Sie vor?

______________________________________________

______________________________________________

______________________________________________

**Fall 4:** Herr Lenk ist Prokurist eines landwirtschaftlichen Großbetriebes. Er meldet sich mit leiser Stimme am Telefon: »Guten Tag, Lenk von der Dryer GmbH. Heute Vormittag mußte ich feststellen, daß das Saatgut PT 70, das Sie uns geliefert haben, zu dreißig Prozent verdorben ist." (Pause, räuspert sich) "Unsere Leute müssen Montagfrüh mit der Aussaat beginnen. Meine Frage, bis wann, präzise, können Sie uns Ersatz liefern? Über die Konditionen müßten wir uns auch noch unterhalten.«

Welcher Kundentyp?

| ☐ | ☐ | ☐ | ☐ |
|---|---|---|---|
| »Choleriker« | »Fachmann« | »Unentschlossener Typ« | »Leisetreter« |

Wie gehen Sie vor?

_______________________________________________

_______________________________________________

_______________________________________________

(Auflösung siehe Anhang)

## 4.7 Das richtige Auftreten beim Kunden

Wenn Sie einen Kunden persönlich wegen einer Reklamation bzw. Beschwerde aufsuchen, hängt der erfolgreiche Verlauf Ihrer Verhandlungen ganz entscheidend von Ihrem korrekten Auftreten ab. Denken Sie daran, daß der Kunde bei Ihrem persönlichen Erscheinen auf sehr viel mehr Dinge achten kann, als beim telefonischen Kontakt. Wir achten mehr auf das Wie als das Was. Wir teilen unsere Stimmungen, Gefühle, ja, das, was wir wirklich denken, zum größten Teil nonverbal, d.h. durch Körpersprache mit. Gehen Sie daher im direkten Kontakt mit dem Kunden mit Ihrer Körpersprache genauso korrekt und zielgerichtet um, wie mit der gesprochenen Sprache.

### Stellen Sie Augenkontakt zum Kunden her

Halten Sie immer Augenkontakt zum Kunden. Die Augen sind das Fenster zur Seele und das wichtigste nonverbale Kommunikationsmittel. Den Augenkontakt vermeiden, ist ein Zeichen von Unsicherheit oder einem schlechten Gewissen, ein nicht gerade vorteilhaftes Signal in einer Beschwerdesituation. Schauen Sie dem Kunden gerade in die Augen, wenn Sie mit ihm sprechen; schauen Sie nicht auf seine Nase oder Stirn, schauen Sie auch nicht auf den Boden oder die Zimmerdecke. Wir vertrauen der Person am meisten, die uns direkt in die Augen sehen kann.

## Ihre Körperhaltung verrät Ihre innere Einstellung

Ihre Körperhaltung sollte offen und unverkrampft sein. Eine verschlossene Körperhaltung (z.B. verschränkte Arme, sich seitwärts zum Kunden postieren) signalisiert Verschlossenheit und Unsicherheit. Zudem gibt es körpersprachliche Ausdrucksformen, die arrogant und überheblich wirken, wie z.B. das demonstrative Verschränken der Arme, breitbeiniges Stehen oder das Abstützen der Arme in die Hüften. Der ohnehin gereizte Kunde faßt dies als Bedrohung auf und reagiert dementsprechend abweisend.

Achten Sie auch auf die individuelle Distanzzone - sie beträgt zwischen einem halben und anderthalb Meter. Rücken Sie dem Kunden also nicht auf die Pelle, lassen Sie die physische Distanz andererseits nicht so groß werden, so daß Sie sich nur noch per Handzeichen verständigen können.

## Gestik und Mimik kontrollieren

Vermeiden Sie alle abrupten Körperbewegungen, eine übertriebene oder allzu sparsame Gestik. Fuchteln Sie nicht mit den Armen, während Sie etwas erklären, kratzen Sie sich nicht am Kinn, während der Kunde Ihnen etwas zu erklären versucht. Zeigen Sie keine Grimassen oder Stirnrunzeln, wenn der Kunde mit einer unangemessenen Forderung kommt. Eine »Todsünde« wäre es geradezu, wenn Sie auf einen Einwand des Kunden mit Hohngelächter oder Grinsen re-agierten.

Denken Sie daran: Wirkungsvolle Gesten betonen und unterstreichen eine verbale Aussage. Die Gesten müssen aber zu Ihren Worten und deren Inhalt passen. Die Aussage: »Da gebe ich Ihnen vollkommen recht, Lieber Kunde!« und eine negative Gestik bzw. Mimik passen nicht zueinander und rufen bei Ihrem Gesprächspartner Irritationen hervor. Bleiben Sie also immer einstimmig in Ihren verbalen und nonverbalen Aussagen.

## Sprechen Sie deutlich

Achten Sie auf einen ruhigen Sprechton und auf eine angemessene, nicht zu langsame und nicht zu schnelle Sprechgeschwindigkeit. Durch zu schnelles Reden fühlt sich der Kunde überfahren und er kann die Informationen nicht mehr aufnehmen. Zu langsames Sprechen deutet auf Unentschlossenheit und Unsicherheit. Sprechen Sie mit einer angenehmen Lautstärke und achten Sie auf die Artikulation Ihrer Worte. Nichts ist störender als zu lautes oder zu leises und zudem schlecht artikuliertes Reden.

## Kleidung und äußeres Erscheinungsbild

So wie man sich kleidet, so wird man angesehen. Der Zweck Ihrer äußeren Erscheinung ist es, Kompetenz auszustrahlen und Vertrauen zu erwecken. Kleiden Sie sich deshalb so, wie es Ihrer Funktion und der Situation nach angemessen ist. Da gibt es sicherlich unterschiedliche Standards in den verschiedenen Branchen. Beispielsweise wird sich ein Versicherungsvertreter, der einen Kunden besucht, anders kleiden als ein Techniker, der wegen einer defekten Maschine gerufen wird. In manchen Branchen ist es unüblich in Anzug und Krawatte zu erscheinen. Das könnte vom Kunden als Arroganz und Hochnäsigkeit ausgelegt werden. Als Faustregel gilt: Ihre Kleidung sollte Ihrem Auftrag angemessen, sie sollte der des Kunden ebenbürtig oder ein wenig gehobener sein.

Ganz gleich aber, ob Anzug oder Monteurskleidung, die Kleidung muß penibel sauber und korrekt sein. Dasselbe gilt natürlich für das übrige Erscheinungsbild: Haarschnitt, Rasur, Fingernägel usw. In jedem Fall sollte man alles vermeiden, was den Kunden irritieren oder provozieren könnte, z.B. lautes, joviales Auftreten, betonte Distanziertheit und jegliche Art von Imponiergehabe, dazu gehören z.B. auffälliges Gepränge an Armen und Fingern, knallige Krawatten, strengriechende Parfums, Rasierwasser usw. Denken Sie daran: Sie wollen dem Kunden in einer für Sie und Ihr Unternehmen schwierigen Situation als eine seriöse, vertrauenswürdige Persönlichkeit gegenübertreten.

## Test: Können Sie mit Kunden gut umgehen?

| | stimme voll zu | | | | stimme nicht zu |
|---|---|---|---|---|---|
| 1. Ich mag die meisten Menschen und komme gut mit ihnen aus | 5 | 4 | 3 | 2 | 1 |
| 2. Ich mag es, wenn es anderen gut geht | 5 | 4 | 3 | 2 | 1 |
| 3. Ich denke positiv über mich und andere | 5 | 4 | 3 | 2 | 1 |
| 4. Mir ist bewußt, daß Kunden manchmal verärgert sind, aus Gründen, die nichts mit mir zu tun haben | 5 | 4 | 3 | 2 | 1 |
| 5. Ich mag meine Arbeit, auch wenn sie nicht immer einfach ist | 5 | 4 | 3 | 2 | 1 |
| 6. Ich kann meine Stimmungen im großen und ganzen gut kontrollieren | 5 | 4 | 3 | 2 | 1 |
| 7. Ich kann auch zu Kunden freundlich sein, die nicht freundlich zu mir sind | 5 | 4 | 3 | 2 | 1 |
| 8. Ich kann mich auch dann gut beherrschen, wenn mich ein Kunde perönlich angreift | 5 | 4 | 3 | 2 | 1 |
| 9. Selbst an schlechten Tagen kann ich immer noch freundlich und hilfsbereit sein | 5 | 4 | 3 | 2 | 1 |
| 10. Ich kann einem Kunden auch dann zustimmen, wenn er inhaltlich nicht recht hat | 5 | 4 | 3 | 2 | 1 |

**Auswertung:**
Wenn Sie eine Punktzahl von 40 oder darüber erzielt haben, fällt Ihnen der Umgang mit Kunden sicher leicht. Wenn Sie zwischen 25 und 40 Punkte erreicht haben, sollten Sie an Ihren zwischenmenschlichen Fähigkeiten noch etwas arbeiten. Wenn Ihre Punktzahl unter 25 liegt, ist die Arbeit mit häufigen und schwierigen Kundenkontakten wahrscheinlich nicht das Richtige für Sie.

# 5. Wie man Reklamationen als Chance für Kundenzufriedenheit und Imagegewinn nutzt

## 5.1 Die schriftliche Reklamationsbehandlung

Die schriftliche Reklamationsantwort ist Ihre Visitenkarte und drückt viel über die Kultur Ihres Unternehmens aus. Deshalb ist es wichtig, beim Schriftverkehr genauso sorgfältig und kundenorientiert zu verfahren wie bei der mündlichen Reklamationsbeandlung. Vorweg sei bemerkt: nichts ist so unpersönlich wie vorgefertigte Reklamationsformulare. Ersetzen Sie solche Formulare durch ein persönliches Schreiben. Wie sollte ein solches Schreiben aufgebaut sein? Zu vermerken ist der Zeitpunkt des Eingangs der Beschwerde bzw. Reklamation im Unternehmen. Darüber hinaus sollte ein Antwortschreiben eine Zusammenfassung des Problems, ein ehrliches und aufrichtiges Bedauern für die vom Kunden erfahrenen Unannehmlichkeiten, die eingeleiteten Maßnahmen sowie die voraussichtliche Erledigung des Vorgangs enthalten. Was ist außerdem wichtig?

*Zeigen Sie Verständnis*
Beispiele:
- »Wir verstehen, daß die verspätete Lieferung für Sie sehr ärgerlich ist.«
- »Wir danken Ihnen dafür, daß Sie den Schaden rechtzeitig gemeldet haben.«
- »Sie haben recht, wenn Sie sich in der Angelegenheit an uns wenden.«

*Negatives immer positiv ausdrücken*
Vermeiden Sie Negativismen in Ihrem Schreiben. Ersetzen Sie z.B. das häßliche Wort Reklamation oder Beschwerde durch: Angelegenheit, Sache, Vorfall.

*Argumentieren Sie vorsichtig*
Beispiele:
- »Bei Einsendung des Produktes können sich Wartezeiten bis zu vier Wochen ergeben. Wir bitten daher um Ihr Verständnis.«
- »Bitte haben Sie Verständnis dafür, daß wir den von Ihnen geschilderten Schaden erst prüfen müssen.«

*Bieten Sie dem Kunden eine Problemlösung an*
Beispiele:
- »Rufen Sie uns an. Unser Kundendienst berät Sie gerne.«
- »Wir bieten Ihnen gerne eine kostenlose Schulung Ihrer Mitarbeiter an, damit Bedienungsprobleme an der Maschine in Zukunft nicht mehr vorkommen.«
- »Wir werden umgehend für Ersatz sorgen geben Ihnen vorher telefonisch Bescheid.«

## Tips für die schriftliche Reklamationsbehandlung

- Ersetzen Sie Reklamationsformulare durch persönliche Schreiben.
- Bei Standardschreiben mit Computer muß der Eindruck vermieden werden, daß keine individuelle Fallösung erfolgt.
- Vermeiden Sie in Ihren Schreiben das Wort Reklamation oder Beschwerde. Andere Bezeichnungen: Angelegenheit, Frage, Sache, Vorkommnis.
- Schreiben Sie keine »bösen« Briefe - man kann Negatives immer positiv ausdrücken.
- Geben Sie den Fehler zu, wenn die Schuld bei Ihnen bzw. Ihrer Firma liegt. Warten Sie nicht, bis der Reklamierer Ihnen beweist, daß Sie im Unrecht sind.
- Wenn der Fehler beim Reklamierer liegt und er somit keine Ansprüche auf Schadenersatz hat, teilen Sie ihm dies äußerst diplomatisch mit. Am besten informieren Sie ihn telefonisch und bestätigen das Gespräch dann schriftlich.
- Vermeiden Sie schulmeisterliche Belehrungen und Besserwisserei.
- Vermeiden Sie juristische Formulierungen, vor allem, wenn der Fall noch nicht in ein juristisches Stadium eingetreten ist, und wenn der Unterzeichner kein Jurist ist.
- Reagieren Sie im Anfangsstadium auf Drohungen des Kunden nicht Ihrerseits mit der Drohung juristischer Schritte.
- Fassen Sie in schwierigen Fällen mit einem Telefonanruf nach oder laden Sie den Kunden zu einem persönlichen Gespräch ein.
- Bei wichtigen Reklamationsantworten unterschreibt der Vorgesetzte oder Geschäftsführer selbst. Die Unterschrift darf in solchen Fällen nicht an eine Bürokraft delegiert werden.
- Ein Antwortschreiben kann durchaus die Bitte enthalten, der Kunde möge auch in Zukunft dem Unternehmen das Vertauen schenken.
- Alles, was Sie schriftlich zusagen, versprechen oder garantieren, muß hundertprozentig stimmen.

## Wie Sie eine Absage formulieren

Manchmal bleibt einem nichts anderes übrig, als eine Absage zu formulieren, weil der Kunde Forderungen stellt, die nicht akzeptabel sind. Eine schlechte Nachricht zu überbringen fällt natürlich schwerer, als eine gute, und es ist klar, daß der Kunde »sauer« reagiert. Sie können zwar kein Verständnis für Ihre Entscheidung erzwingen, dennoch gibt es Möglichkeiten, eine Absage so zu verpacken, daß der Kunde sie annehmen und mit ihr »leben« kann.

Folgende Punkte sollten Sie beachten, wenn Sie dem Kunden eine abschlägige Antwort geben müssen:

- Schieben Sie Absagen oder schlechte Nachrichten nie auf die lange Bank. Ein Kunde, der erst spät - oder zu spät - von Ihrer Absage erfährt, hat allen Grund verärgert zu sein. Es ist deshalb besser, gleich ins kalte Wasser zu springen.
- Sagen Sie möglichst telefonisch ab, das ist persönlicher und läßt einen Dialog zu; da läßt sich oft noch manches klären. Danach können Sie den Sachverhalt noch schriftlich bestätigen.
- Begründen Sie Ihre Absage sorgfältig. Der Kunde muß erkennen, daß Sie alles getan haben, um das Problem zu lösen.
- Zeigen Sie Verständnis, wenn der Kunde trotzdem verärgert reagiert.
- Delegieren Sie keine Absagen, sondern greifen Sie selbst zum Telefonhörer.
- Machen Sie dem Kunden ein Alternativangebot. Zeigen Sie sich erkenntlich: Schicken Sie dem Kunden ein kleines Präsent zum Zeichen Ihrer Wertschätzung zu

## Übung 5.1: Die schriftliche Reklamationsantwort

In der folgenden Übung sollen Sie zwei Versionen einer schriftlichen Reklamationsanwort beurteilen. Welcher der beiden Versionen stimmen Sie zu?

### 1. Version

Sehr geehrte(r) Herr/Frau Kunde(in),

wir beziehen uns auf das mit Ihnen geführte Gespräch vom .... wegen der von Ihnen vorgebrachten Reklamation.

Zum Zeichen unseres guten Willens und um die Sache ein für allemal aus der Welt zu schaffen, sind wir bereit, den Betrag von DM ... an Sie zu überweisen. Bitte schicken Sie die beigefügte Durchschrift unterschrieben an uns zurück.

Wir möchten darauf hinweisen, daß wir damit äußerstes Entgegenkommen zeigen und daß darüber hinausgehende Forderungen Ihrerseits nicht berücksichtigt werden können.

Mit freundlichen Grüßen

## 2. Version

Sehr geehrte(r) Herr/Frau Kunde(in),

wir beziehen uns auf das mit Ihnen geführte Gespräch vom .... . Wir möchten uns nochmals dafür bedanken, daß Sie uns in der Sache sofort angesprochen haben.

Nach Überprüfung der Angelegenheit können wir Ihnen mitteilen, daß wir Ihnen den Bertrag von DM ... zum Ausgleich des für Sie entstandenen Schadens überweisen werden.

Zum Zeichen Ihres Einverständnisses und der Bestätigung, daß mit dieser Zahlung alle Ansprüche Ihrerseits erledigt sind, bitten wir Sie, die beiliegende Durchschrift dieses Schreibens unterzeichnet an uns zurückzugeben. Den angeführten Betrag werden wir dann unverzüglich auf Ihr Konto gutschreiben.

Wir bedauern das Vorkommnis außerordentlich und werden uns bemühen, in Zukunft Ihre Aufträge zu Ihrer vollen Zufriedenheit zu erledigen. Wir würden eine weitere gute Zusammenarbeit mit Ihnen sehr begrüßen.

Mit freundlichen Grüßen

**Fragen:**

Wie beurteilen Sie Version 1 und Version 2 des Antwortschreibens?

___

___

___

Welche Version ist Ihrer Meinung nach besser? Begründen Sie Ihre Wahl.

___

___

___

## 5.2 Was tun bei »Scheinreklamationen«?

Die Erfahrung zeigt, daß nahezu jeder Reklamierende ein wenig übertreibt, wenn er seine Beschwerde vorträgt. Dann kann es schon vorkommen, daß er den reklamierten Mangel aufbauscht, um seinen Forderungen Nachdruck zu verleihen. Die vorsätzliche Erzeugung von Mängel durch den Kunden ist dagegen eher selten. Die Aufgabe, »Wahrheit« von »Dichtung« bzw. »Schein« zu unterscheiden, ist jedoch nicht immer leicht.

### Was sind die Gründe für »Scheinreklamationen«?

- Der Kunde hat das falsche Produkt gekauft, möchte aber seinen Irrtum nicht zugeben.
- Der Kunde ist in Zahlungsschwierigkeiten geraten.
- Der Kunde hat den Schaden am Produkt selbst verursacht.
- Der Kunde nimmt einen minderen Reklamationsgrund (z.B. leichter Kratzer am Gehäuse) zum Anlaß, einen Preisnachlaß zu erzielen oder vom Kaufvertrag zurückzutreten
- Der Kunde hat sich über Sie oder eine(r) Ihrer Kollegen/innen geärgert und erfindet nun einen Reklamationsanlaß, um Sie zu »bestrafen«.
- Der Kunde möchte Sie testen, wie weit er bei späteren Verhandlungen gehen kann.
- Der Kunde kommt aufgrund von neuen Informationen (z.B. Lektüre, Gespräche) nach dem Kauf der Ware zu einer anderen Bewertung und stellt Forderungen nach Rücknahme, Mehrleistung oder Ersatz.

### Wie verhält man sich bei einer »Scheinreklamation«?

Grundsätzlich gilt: jede »Scheinreklamation« wie eine echte behandeln. Der Kunde darf nicht bloßgestellt werden. Er darf sich nicht ertappt fühlen und keinesfalls darf er sein Gesicht verlieren. Sie dürfen sich in einem solchen Fall jedoch eines kleinen Tricks bedienen, indem Sie auf die »Scheinreklamation« mit einem »Scheinangebot« reagieren. Bieten Sie dem Kunden irgendetwas an, das Ihnen nicht weh tut und dem Kunden das Gefühl gibt, mit seiner Masche Erfolg gehabt zu haben. Sie haben nicht viel verloren und dafür einen Kunden behalten. Selbstverständlich sollten Sie bei einem Kunden, der es immer wieder auf dieselbe Art versucht, anders reagieren.

## 5.3 Was tun, um Reklamationen zu vermeiden?

Wie bereits erwähnt: In Reklamationen stecken Chancen. Wer Kundenbeschwerden und Reklamationen also ernst nimmt und sie regelmäßig auswertet, erhält viele nützliche Informationen darüber, wo der »Schuh drückt«, was man besser machen kann, damit der Kunde wieder kommt. Sie erfahren mehr daüber, was der Kunde erwartet und wie Sie ihn zufriedenstellen können, als durch eine teuere Marktforschung.

Bedenken Sie auch: Es kommt nicht in erster Linie darauf an, Beschwerden zu vermeiden, sondern Unzufriedenheit beim Kunden abzubauen. Unzufrieden kann auch der Kunde sein, der sich nicht beschwert. Unzufriedenheit muß also rechtzeitig erkannt werden. Deshalb liegt sogar ein gewisser Vorteil darin, Beschwerden zu »stimulieren«. Dadurch erreicht das Unternehmen auch jene Kunden, die unzufrieden sind, aber nicht den Beschwerdeweg antreten. Das bedeutet, daß der Kunde über die Möglichkeit, Kritik, aber auch Anregungen und Vorschläge vorzubringen, informiert sein muß. Was gilt es zu beachten?

- Es müssen für den Kunden leicht zugängliche Kommunikationskanäle geschaffen werden, wie z.B.: Beschwerdetelefon, Brief-, Fax- und Online-Dienste, Service-Kundenstände, Meinungskarten u.a.m.
- Werten Sie Ihre Reklamationsprotokolle regelmäßig aus. Führen Sie konsequent eine Reklamationsstatistik. Die Bandbreite reicht von einfachen Strichlisten bis zu aufwendigen Computerprogrammen.
- Führen Sie regelmäßige Kundenbefragungen (schriftlich, mündlich) durch, fühlen Sie ständig Temperatur. Nur so können Sie Schwachstellen rechtzeitig erkennen.
- Greifen Sie Kundenvorschläge auf, bilden Sie Qualitäts- und Problemlösungszirkel, und sorgen Sie für die konsequente Umsetzung von Anregungen, Kritik und neuen Ideen.
- Erfragen Sie technische Verbesserungen, den Stand der Qualität, und vor allem: erfragen Sie die Zufriedenheit des Kunden über Ihrern Kundenservice.
- Schulen Sie Ihre Mitarbeiterinnen und Mitarbeiter. Fördern Sie ihre Eigenständigkeit und geben Sie ihnen die Kompetenz, selbständig Lösungen zu erarbeiten.
- Sorgen Sie für angenehme, streßfreie Arbeitsbedingungen für Ihre in der Kundenberatung tätigen Mitarbeiter. Wer jeden Tag mit schwierigen Kundenproblemen zu tun hat, braucht einen Ausgleich. Ein Fitnessraum, in dem auch einmal Aggressionen abgebaut werden können, oder eine gemütliche Kaffeecke, in der man Erfahrungen austauschen kann, kann hilfreich sein.

- Coachen und unterstützen Sie Ihre Mitarbeiter bei auftretenden Problemen, die diese nicht mehr allein bewältigen können. Nur wenn Sie die Bedürfnisse Ihrer Mitarbeiter ernst nehmen, können diese Service und Kundenorientierung nach außen glaubhaft »verkaufen«.

Und denken Sie daran: Eine Reklamation ist erst dann erledigt, wenn daraus präventive Maßnahmen und Konsequenzen für das eigene Verhalten abgeleitet werden.

---

## Übung 5.2: Was können wir tun, um unseren Kundenservice zu verbessern?

---

Überlegen Sie sich, was Sie alles tun können, um in Zukunft Reklamationen zu vermeiden und für einen optimalen Kundenservice zu sorgen.

1. ____________________________________________________________

2. ____________________________________________________________

3. ____________________________________________________________

4. ____________________________________________________________

5. ____________________________________________________________

## 5.4 Was tun, damit der Kunde wieder kommt?

- Behandeln Sie wirklich *jede* Beschwerde und *jedes* Problem eines Kunden freundlich und zuvorkommend.
- Gehen Sie nach dem Motto vor »das Unmögliche möglich machen«.
- Bieten Sie dem Kunden Problemlösungen an, die über seine Erwartungen hinausgehen.
- Greifen Sie dem Kunden mit unterstützenden Vorschlägen unter die Arme.
- Sehen Sie jede Beschwerde bzw. Reklamation als Chance für besseren Service und Kundenzufriedenheit an.
- Stehen Sie Vorschlägen des Kunden, wie Sie Ihre Arbeit und Ihren Service besser gestalten können, aufgeschlossen gegenüber.
- Seien Sie immer freundlich zum Kunden, auch wenn er nicht freundlich zu Ihnen ist.
- Analysieren Sie jede Beschwerde genau und lernen Sie dazu.
- Fragen Sie den Kunden nach Abwicklung der Beschwerde nach seiner Zufriedenheit.
- Kleine Aufmerksamkeiten erhalten die Freundschaft: Schicken Sie dem Kunden ein kleines Präsent zum Zeichen Ihrer Wertschätzung.

# Lösungen

## Übung 2.1: Der Fall und die Lösung (S. 15)

**Fall 1**: Bewertungs-/Beurteilungskonflikt. Frau Saubermann geht irrtümlicherweise davon aus, daß die Garantie auch dann gilt, wenn sie den Schaden selbst verursacht hat.
**Vorgehen**: Erklären Sie Frau Saubermann die Garantievorschriften des Herstellers genau. Da es sich um einen leicht behebbaren Schaden handelt, wäre zu überlegen, ob Sie Frau Saubermann die Reparaturkosten erlassen sollten.

**Fall 2:** Zielkonflikt. Herr Müller stellt nach dem Kaufabschluß fest, daß er das falsche Produkt erstanden hat.
**Vorgehen**: Gewähren Sie einen Umtausch oder machen Sie dem Kunden einen Vorschlag, wie er sein Ziel auf anderem Wege erreichen kann.

**Fall 3**: Beziehungskonflikt. Herr Wütig ist über des Verhaltens des Kundendienstmitarbeiters verärgert.
**Vorgehen**: Zeigen Sie Verständnis für Herrn Wütigs Beschwerde, sagen Sie zu, die Angelegenheit intern zu klären.

**Fall 4**: Rollen- bzw. Kompetenzkonflikt. Der Mechaniker hat seine Kompetenzbefugnisse übertreten. Er durfte von sich aus keinen verbindlichen Kostenvoranschlag machen.
**Vorgehen**: Klären Sie den Kunden über den Sachverhalt auf und handeln Sie eine Problemlösung mit ihm aus.

**Fall 5:** Ressourcen- bzw. Verteilungskonflikt. Der Kunde stellt einen Vergleich mit einem anderen Anbieter an, der so nicht zulässig ist.
**Vorgehen**: Erklären Sie dem Kunden die unterschiedlichen Marktbedingungen, ohne ihn zu belehren. Gehen Sie auf seinen Forderung ein oder machen Sie einen Gegenvorschlag.

## Übung 4.6: Transaktionen analysieren (S. 76)

**Aussagen des Kunden:** 1. Angepaßtes Kind-Ich (Ka); 2. Kritisches Eltern-Ich (ELk); 3. Erwachsenen-Ich (ER); 4. Rebellisches Kind-Ich (Kr); 5. Kritisches Eltern-Ich (ELk); 6. Kritisches Eltern-Ich (ELk); 7. Erwachsenen-Ich (ER); 8. Spontanes Kind-Ich (Ks); 9. Wohlwollendes Eltern-Ich (ELw); 10. Kritisches Eltern-Ich (ELk).

**Aussagen des Kundenberaters:** 1. Erwachsenen-Ich (ER); 2. Angepaßtes Kind-Ich (Ka); 3. Kritisches Eltern-Ich (ELk); 4. Wohlwollendes Eltern-Ich (ELw); 5. Erwachsenen-Ich (ER); 6. Rebellisches Kind-Ich (Kr); 7. Kritisches Eltern-Ich (ELk); 8. Spontanes Kind-Ich (Ks); 9. Erwachsenen-Ich (ER); 10. angepaßtes Kind-Ich (Ka).

## Übung 4.7: »Wer bin ich?« (S. 84)

**Fall 1**: Frau Winter ist ein »Unentschlossener Typ«.
**Vorgehen**: Frau Winter muß erst beruhigt werden, damit sich ihre Aufregung wieder legt. Versuchen Sie dann durch gezielte Fragen herauszufinden, weshalb der Geschirrspülautomat nicht richtig funktioniert. Bedenken Sie, daß Frau Winter vielleicht einen Bedienungsfehler gemacht hat. Schicken Sie gegebenenfalls einen Techniker vorbei, der das Gerät an Ort und Stelle überprüft.

**Fall 2**: Herr Müller ist eindeutig ein »Choleriker«.
**Vorgehen**: Bleiben Sie ruhig und gelassen. Herr Müller muß erst "Dampf ablassen" bevor er sich beruhigt. Wenden Sie daher alle Regeln des aktiven Zuhörens an. Schicken Sie Sie am besten gleich jemanden zur Baustelle, aber jemand, der nicht zu zart besaitet ist und mit Herrn Müller umzugehen versteht.

**Fall 3**: Herr Meisner ist erkennbar ein »Fachmann«, was Computer betrifft.
**Vorgehen**: Wenn Ihnen mit Herrn Meisners Computer ein Fehler unterlaufen sein sollte, dann geben Sie das zu. Sie brauchen sich bei diesem Kunden aber nicht wortreich zu entschuldigen. Es genügt, wenn Sie das Problem erfassen und für eine rasche Behebung sorgen.

**Fall 4**: Herr Lenk entspricht dem Typ des »Leisetreters«.
**Vorgehen**: Äußern Sie kurz Ihr Bedauern über das angeblich verdorbene Saatgut. Prüfen Sie den Fall und sorgen Sie für schnellen Ersatz, falls Herr Lenk recht haben sollte. Bedenken Sie auch: je länger Sie mit der Lösung des Problems warten, desto höher werden die Forderungen des Kunden nach Konditionen oder Ersatzleistungen.

# Sachregister


Absage 92
Aggression(en) 59, 96
Angriffe 59
Appell 63
Aufforderung 63
Aufmerksamkeit 37
- signale 37
Auftreten (beim Kunden) 86 f.
Augenkontakt 86

Bedürfnisse (d. Kunden) 34
Behauptungen 43
Beschwerde
- annahme 49
- behandlung 32 f.
- empfänger 18, 67
- »koffer« 44
- Patenschaft 21
- stimulation 96
- telefon 96
- zahl 4
Beziehung(s)
- ebene 29, 32, 63
- klima 25
- konflikt 13

Coachen 96

Dienstleistungsgesellschaft 3
- sektor 3
Distanziertheit 88
Distanzzone 87
Drohgebärde 19

Einwandbehandlung 47
Einwände 47 ff.
Einstellung 55 f., 86
Erscheinungsbild 88
Eskalation 17, 21

Fehler (d. Beschwerdeempfängers) 27
Forderungen 92
Fragearten 42 f.
Fragen 42 f.

Gestik 87

Ich-Aussagen 63
Ich-Zustände (d. Transaktionsanalyse) 68
Image 3
- gewinn 90
Imponiergehabe 88

Kaufmotive 5 f.
Kleidung 88
Körperhaltung 87
- sprache 86
Kommunikation(s) 64
- kanäle 96
Kompetenzkonflikt 12
Konflikt
- arten 10 f.
- parteien 18
- stufen 17 f.
- symptome 27
- typen 14
- ursachen 10 f.
Konsens
- emotionaler 31, 37
- rationaler 31
Kontaktabbruch 18
Kunden
- berater 65
- beratung 96
- betreuung 7 f.
- dienst 55
- erwartungen 7
- orientierung 5 f., 97
- perspektive 45
- service 5
- typen 88 f.
- verärgerung 6
- vorschläge 95
- zufriedenheit 4, 6, 96, 98

Liefertermine 17
- verzug 21

Medien 3
Mimik 87
Mißverständnis(se) 17, 40, 63
Mund-zu-Mund-Propaganda 18

Notizen 40, 49

Präsent 92, 98
Problem
- bewältigung 49
- lösung 45
Problemlösungszirkel 96
Produktverbesserungen 9

Rabatte 12
Rapport 34 f.
Reißverschlußverfahren 54
Reklamationsanlaß 29
- antwort 90
- behandlung 32 f.
(schriftlich) 90 f.
- empfänger 24, 32, 76
- formulare 90
- gespräch 33
- protokolle 96
- statistik 96
Repräsentationssystem 34 f.

Sachaussage 63, 67
Sachebene 29 f.
Schadenersatz 20
Scheinreklamation 95
Selbstdarstellung 67
Spiegeln (Widerspiegeln) 37 f.
Sprech(en) 87
- geschwindigkeit 87
- ton 87
Statement 37

Telefon 58
Telefonieren 58
Transaktionen 71
- parallele 72
- überkreuzte 73, 79
- verdeckte 75
Transaktionsanalyse 68 ff.
Transaktionsreiz 78

Umgang (mit Kunden) 60
Umtausch 25

Verstimmung 17

Wettbewerb 3

Zuhören 33 f.
Zusammenfassen 39
Zuständigkeit 13

## Literaturverzeichnis


Berne, E.: Spiele der Erwachsenen. Reinbek 1967

Gamber, P.: Ideen finden, Probleme lösen. Methoden Tips und Übungen für einzelne und Gruppen. Weinheim und Basel 1996

Gamber, P: Konflikte und Aggressionen im Betrieb. Problemlösungen mit Übungen, Tests uns Experimenten. München, Landsberg am Lech, 2. Aufl. 1995

Harris, T.A.: Ich bin o.k. - Du bist o.k. Reinbek 1989

Holzheu, H.: Aktiv zuhören - besser verkaufen. Landsberg am Lech 1985

Jandt, F.: Konfliktmanagement. Wie beide Seiten gewinnen können. München 1994

Leicher, R: Vom guten zum besseren Verkäufer. Köln 1989

Leicher, R.; Kierig, F.O.: In Reklamationen stecken Chancen. Heidelberg 1993

Ruede-Wissmann, W.: Superselling. München 1989

Schott, B.: Endlich entspannt verkaufen. München, Landsberg am Lech 1996

Schulz v. Thun, F.: Miteinander reden. Störungen und Klärungen. Reinbek 1990

Stangl, A.: Verkaufen muß man können. Eine praktische Verkaufs- und Verhandlungsstrategie. Düsseldorf 1991

Stauss, B.; Seidel, W.: Beschwerdemanagement. Fehler vermeiden - Leistungen verbessern. München, Wien 1995

Toelstede, B.G.: Verkaufskommunikation nach transaktionsanalytischen Gesichtspunkten. In: Management Enzyklopädie, Landsberg am Lech 1985